세상과 통하는 철학

「이 도서의 국립중앙도서관 출판예정도서목록(CIP)은 서지정보유통지원시스템 홈페이지(http://seoji. nl.go.kr)와 국가자료공동목록시스템(http://www.nl.go.kr/kolisnet)에서 이용하실 수 있습니다.(CIP제어 번호: CIP2016028511)」

세상과 통하는 철학: 무겁지만 재미있게

ⓒ 이현영 · 장기혁 · 신아연 2016

초판   1쇄 발행일 2016년 12월 16일
초판   2쇄 발행일 2017년 9월 28일

지 은 이   이현영 · 장기혁 · 신아연
펴 낸 이   이정원

편집책임   선우미정
편   집   이동하
디 자 인   김정호
마 케 팅   나다연 · 이광호
경영지원   김은주 · 박소희
제   작   송세언
관   리   구법모 · 엄철용

펴 낸 곳   도서출판 들녘
등록일자   1987년 12월 12일
등록번호   10-156
주   소   경기도 파주시 회동길 198
전   화   편집 031-955-7385 마케팅 031-955-7378
팩시밀리   031-955-7393
홈페이지   www.ddd21.co.kr
페이스북   www.facebook.com/bluefield198

I S B N   979-11-5925-207-5(43100)

세상과 통하는
철학

이현영·장기혁·신아연 지음

푸른들녘

철학으로 *세상과 마주하기*
"무겁지만 재미있게!"

하나. 요즘 청소년들은 세상에 대해 무슨 고민을 하며 살아갈까요?

- 학교와 학원을 다람쥐 쳇바퀴 돌 듯 오가지만 공부를 왜 해야 하는지 모르겠다. "네 꿈이 뭐냐?", "무슨 학과에 갈래?", "성적은…?" 이런 질문이 가장 싫다. 학교란 게 도대체 왜 생긴 걸까? 학교 교육이 계속 이대로 가도 괜찮은 걸까?
- 수업 시간에 동학 농민 전쟁, 일제강점기, 박정희 정권에 대한 해석이 역사학자에 따라 다른 경우가 있다고 배웠다. 같은 역사적 사건인데 해석이 왜 다른 걸까? 그리고 정부는 왜 '역사 교과서 국정화'를 추진하는 걸까?
- 오늘날 예술작품은 시장에서 거래된다. 이런 상황에서 예술은 우리에게 무엇일까? 과시를 위한 한낱 상품일까? 아니면 삶의 진창에서 뒹구는 우리를 구원해줄 수 있을까? 값싸게 너도 나도 따라 할 수 있는 대중문화도 예술이라 할 수 있을까?
- 기후변화, 수많은 동식물의 멸종, 자원 고갈. 수업시간에 배우는 환경문제들이 가슴에 와 닿지 않는다. 그래서인지 우리는 매일 많은

양의 온실가스와 쓰레기를 배출하며 살아가고 있다. 이러다가 인류가 멸망하는 것은 아닐까?

- 언젠가부터 언론에서 금수저, 은수저, 흙수저 얘기가 심심찮게 나오고 있다. 다시 계급사회로 돌아가는 것일까? 사람들이 얻기 원하는 부와 지위 등은 어떻게 배분되어야 할까? 정의로운 사회의 운영 원리는 무엇일까?

- 최근 세기의 대국에서 알파고가 이세돌을 4:1로 이겼다. 이 사건을 계기로 향후 인공지능이 많은 사무직과 전문직을 대체할 거라는 뉴스가 연일 언론을 도배했다. 인공지능시대 우리는 무엇으로 살아갈까?

하지만 이런 고민들에 대해 얘기를 나눌 시·공간은 별로 없습니다. 대부분의 청소년들은 학교와 학원을 오가며 세상에 대한 의문과 고민을 가슴 한편에 묻어두고 있습니다. 이에 우리는 세상에 대한 청소년의 의문과 고민에서 출발하여 그들 스스로 자기만의 답을 찾아갈 수 있도록 '생각의 물꼬'를 터주는 책을 쓰기로 마음먹었습니다. 처음 선보인 『책상을 떠난 철학』에 대한 독자 여러분의 성원도 이 책을 집필하는 데 큰 힘이 되었지요.

지금까지의 책들이 철학자의 사상을 소개하고 해설하는 데 치중하였다면, 우리는 청소년이 세상에 대해 품는 의문과 고민을 해석하고,

나아가 자신의 삶을 아름답게 가꾸는 데 보탬이 되는 책을 펴내고자 한 것입니다. 아울러 부모님이나 선생님에게도 아이들이 도대체 무슨 생각을 하고, 그들이 어디서 용기를 얻고 어디서 좌절하는지 이해하는 데, 나아가 그들과 진솔한 대화를 나누는 데 도움이 되길 바랐습니다.

둘. 아마도 지난 수년간 이우중·고등학교에서 청소년들과 철학 수업을 한 경험이 이 책을 집필하는 데 큰 도움이 된 듯합니다. 수업을 통해 청소년들이 품고 있는 의문과 고민을 자세히 들여다볼 수 있었고, 이들이 '철학함'을 실천하기에 좋은 자질을 갖고 있음을 깨달았습니다. 많은 10대들은 세상의 여러 일에 대해 '왜'라는 질문을 던지는 데 주저함이 없었고, 여러 사상가들의 견해를 배우는 걸 감내(?)했으며, 친구들 및 교사와 서로의 생각을 나누는 걸 즐거워했습니다. 그래서 고등학교 3학년쯤 되면 세상사에 대해 나름의 주관을 갖고 자신의 삶을 돌아보는 힘을 갖는 것 같습니다. 특히 이번 집필의 과정에 영감을 주었던 학생들에게 깊은 감사의 마음을 전합니다!

셋. 이 책은 모두 6장으로 구성돼 있습니다. 2, 5장은 장기혁 선생님이, 3장은 신아연 선생님이, 그리고 1, 4, 6장은 이현영 선생님이 각각 집필했습니다. 그런데 구상부터 원고 검토까지 함께해서 누구만의 글이라고 단언하기는 어렵습니다. 그럼에도 각 선생님의 체취가 나름대로 묻어 있다고 봐야겠지요.

각 장은 청소년들의 의문과 고민에 맞닿아 있는 소설과 영화를 텍스트로 활용하였습니다. 그런 만큼 이 책을 능동적으로 활용하려면 관련된 텍스트를 함께 보았으면 합니다. 그리고 이 책을 혼자 읽기보다는 친구들과, 혹은 주변의 어른과 함께 읽고 토의해보길 적극 권합니다. 장별로 나눠 읽고, 의문점이나 토의해보고 싶은 거리들을 찾아 함께 얘기해본다면 철학 수업을 하는 것과 비슷한 효과를 거둘 수 있을 것입니다. 나아가 각 장의 말미에 나온 '지금 내 생각은'처럼 여러분도 자신만의 생각을 정리해보세요! 풍부한 감수성과 사유하는 힘이 청소년 여러분의 삶을 풍요롭게 해줄 것입니다.

『세상과 통하는 철학』이 세상에 얼굴을 내밀면 이제 동양사상에 대해 다루어보고자 합니다. 동양사상이 지금 여기를 살아가는 우리에게 어떤 의미가 있는지, 그리고 우리들이 살아가면서 부딪히는 문제를 해결하기 위해 그것을 어떻게 적용할지 다루고 싶습니다. 빠른 시일 안에 동양사상을 들고 여러분을 또 찾아뵙겠습니다!

2016년 겨울 초입,
이우학교에서

차례

알면서 악을 행하는 사람은 없고
모르는 사람은 선을 행할 수 없다.

-소크라테스-

일러두기

• 본문을 이해하는 데 도움을 주는 단순 정보는 각주(脚註)로 처리했습니다.

• 주황색으로 표시한 사상가(학자)에 대한 자세한 설명은 책 말미에 실었습니다.
  궁금하신 분은 <철학쌤의 가방>을 참조하세요.

• <철학쌤의 가방>에 소개한 사상가(학자) 소개는 표준국어대사전, 위키백과, 인명DB 등을 참고하여
  편집자가 정리했습니다. 위키백과의 경우 한글판을 기본으로 삼되 영어판과 독일어판도 참고했습니다.

1

삶과 교육

카르페
디엠

공부는 왜 하나?

고2가 된 지 두 달이 넘었다. 고1 때는 선행 학습하면서 공부했던 걸 바탕으로 그럭저럭 버텼는데, 2학년에 올라오니 완전히 새로운 것들을 배우기 시작해서 머리가 어지럽다. 수업을 제대로 따라가기가 버겁고, 공부도 점점 재미없어진다. 보나마나 성적도 떨어지겠지. 학교 다니면서 왜 이렇게 공부에만 집중해야 하는지도 잘 모르겠다.

친구들은 2학년이 되더니 도서관과 독서실을 제집 드나들 듯한다. 어떤 친구는 심지어 오밤중까지 인터넷 강의를 듣는단다. 다들 공부에 열을 올리고 있다. 예전에는 장난삼아 "난 서울대학교 갈 거야" 하던 아이들이 언젠가부터 "난 OO대학교, △△과에 갈 거야"라고 말하기 시작했다. 솔직히 나는 깜짝 놀랐다. 도대체 저 애들은 언제부터 그런 목표를 정한 걸까? 어떤 친구는 방송국 PD가 되겠다고 하고, 어떤 친구는 일본에 유학 가서 애니메이션을 전공하겠다고 한다. 윤리학 교수가 되겠다는 아이도 있다. 난 솔직히 하고 싶은 일이 없다. 뚜렷한 목표가 없으니 대학에 갈 이유도 없는 것 같다. 그러니 공부할 이유도 점점 희미해진다.

하지만 공부하기 싫다고 대학에 안 가면 나중에 하고 싶은 일이 생겼을 때 '고졸'이라는 꼬리표 때문에 발목을 잡힐 것 같다. 차라리 다른 애들처럼 '무조건 열심히' 공부해서 대학이라도 가면 그나마 평범하게 직장에 다니며 살 수 있을 텐데. 그러면 고졸이 받게 될 불이익도 없어질 거고, 새로운 친구도 더 많이 사귈 수 있지 않을까?

대학에서 이것저것 수업을 듣다 보면 뭔가 정말 관심이 가는 분야가 생길 수도 있고…. 그렇지만 등록금도 엄청 비싼데 막상 대학 수업이 재미없거나 애들이 다 별로면 어떡하지? 대학에 갔는데 아무것도 안 바뀌면 어떡하지?

누군가에게 이런 고민을 털어놓고 싶다. 친구한테 얘기하자니 쪽 팔리고…. 담임쌤한테 이런 얘길 했다간 정신 못 차린다고 혼 구멍이 날 게 뻔한데. 문득 인생 고민이 생기면 찾아오라고 했던 철학쌤이 떠올랐다. 철학쌤이라면 왠지 내 얘길 차분하게 들어주실 것 같다.

* * *

난 두근거리는 심정으로 철학쌤을 찾아갔다. 선생님은 씩 웃으시며 차를 한 잔 따라주셨다. 이런저런 질문을 던지시면서. 덕분에 나는 편안하게 고민을 털어놓았다. 선생님은 영화 「죽은 시인의 사회」를 보고 다시 찾아오라고 하셨다. 일주일 후 나는 다시 철학쌤을 찾아갔다.

죽은 시인의 사회

영화 「죽은 시인의 사회」[1]는 백파이프 연주를 앞세우고 교기를 든 학생들이 강당에 들어서면서 시작된다. 1859년에 창립된 웰튼 아카데미의 새 학기 개강식이 열리는 장면이다. 웰튼 아카데미는 매년 아이비리그 대학 진학률이 70%를 넘어가는 이른바 명문 고등학교다. 이 학교에 새로 전학 온 토드는 어린 신입생들과 마찬가지로 두근거리는 마음을 숨길 수 없다.

그런데 이 학교 출신인 키팅이 영어 교사로 부임한다. 그는 첫 시간부터 교과서를 찢으라고 주문하는 등 파격적인 수업을 진행하며 학생들에게 '카르페 디엠(Carpe Diem)'을 역설한다. 그의 가르침에 따라 아이들은 사회적 통념이나 규범에서 벗어나 자유로운 생각을 하게 되고, 차츰 자신의 잠재된 욕망과 능력을 깨달아간다. 닐, 찰리, 녹스, 토드 등 일곱 명의 아이들은 키팅 선생에게 '죽은 시인의 사회'라는 서클 이야기를 듣는다. 그러고 나서 자신들이 그 서클을 이어가기로 결심한

---

1 「죽은 시인의 사회(Dead Poets Society)」는 피터 위어 감독, 로빈 윌리엄스 주연의 1989년 영화이다. 1959년을 배경으로 보수적인 남자사립학교인 웰튼 아카데미(Welton Academy)에 영어 선생님이 부임하여 시와 문학을 가르치면서 틀에 박힌 삶을 강요받는 학생들에게 영감을 준다는 이야기다.

다. 아이들은 학교 뒷산 동굴에서 낭만주의 시인들의 시와 자작시(自作詩)를 읊는 모임을 가지면서 그동안 짓눌렸던 자신들의 열정과 욕망을 분출한다. 그리고 부모님이 원하는 대로 살던 삶에서 자기 자신이 진짜로 원하는 것을 하는 삶으로 점점 생활 태도를 바꿔나간다.

늘 어딘지 주눅 들어 보이던 토드는 키팅의 도움으로 교실에서 독창적인 시를 토해낸 후 활기차고 자신감 넘치는 모습으로 변해간다. 녹스는 크리스에게 사랑을 고백하고, 찰리 달튼은 부모님이 지어주신 이름을 버리고 느완다로 개명한 뒤 학교 신문에 남녀 공학을 요구하는 글을 싣는다.

한편 웰튼 아카데미의 최고 모범생이었던 닐은 셰익스피어의 「한여름 밤의 꿈」에서 연기할 배우 오디션에 응모해 요정 역으로 발탁된다. 뒤늦게 이 사실을 안 닐의 아버지는 그에게 의사의 길을 강요하며 연극 출연을 금지한다. 하지만 닐은 아버지의 반대를 무릅쓰고 무대에 오른다. 멋진 연기를 선보인 후 무대에 서서 갈채를 받고 있는 닐의 기쁨도 잠시…. 닐의 아버지는 키팅의 교육 방식을 맹렬히 비판하면서 닐을 당장 육군사관학교로 전학시키겠다고 선언한다. 이에 절망에 빠진 닐은 그날 밤 자살을 선택한다. 키팅 선생과 '죽은 시인의 사회'에 가입한 학생들의 앞날은 어찌 될 것인가?

「죽은 시인의 사회」
포스터(네이버 영화)

마음대로 걸어라,
자신만의 걸음을 찾아라!

카르페 디엠(Carpe Diem), 뭔 소리지?

철학쌤 영화 어땠어?

지용 제가 어지간하면 안 우는 편인데, 이 영화는 보면서 여러 번 울컥했어요. 영화 보는 내내 조마조마하기도 했고요. 아마 닐이나 토드의 모습이 남 같지가 않아서 그랬던 것 같아요. 지금도 영화의 몇몇 장면들이 자꾸 눈에 어른거려요.

철학쌤 그랬구나. 가장 기억에 남는 장면은 뭐였니?

지용 키팅 선생님이 졸업생들의 사진이 늘어선 곳에서 학생들에게 '카르페 디엠'을 속삭이던 장면이요.

카르페 디엠. 시간이 있을 때 장미 봉우리를 거두라.
너희의 인생을 독특하게 살라.

또, 토드랑 학생들이 책상 위에 올라가서 키팅 선생님에게 "캡틴, 마이 캡틴(Captain! My Captain!)"을 외치던 장면도 인상적이었어요.

철학쌤   나도 키팅 선생의 대사가 무척 인상적이었어. '카르페 디엠'이 란 말은 이 영화의 주제라 할 수 있지. 그런데 '카르페 디엠'의 뜻이 무엇이라고 생각해?

지용   'Seize the day', 현재를 즐기라는 말 아니에요? 명문 대학에 가 려고, 성공하려고 아등바등하면서 꽃다운 청춘을 낭비하지 말고 연애도 하고, 낭만도 즐기라는 말로 이해했는데요.

철학쌤   으음, 너의 해석이 크게 틀리지는 않았어. 키팅 선생이 졸업생 선배들의 사진이 걸린 기념관에서 "이들이 현재의 우리 모습 과 다른 점이 어디 있나? 어디에? 그들의 희망 어린 눈빛은 바 로 여러분의 눈빛과 똑같다. 이 선배들은 여기 있는 여러분처 럼 멋진 장래가 보장될 거라고 확실히 믿었던 사람들이었어. 자, 그런데 저 웃음이 지금은 어디에 남아 있을까? 그들이 품 었던 희망은 어디로 갔을까?" 하고 말했잖아? 하지만 키팅 선 생이 '카르페 디엠'이란 말을 통해 학생들에게 성공이란 신을 좇느라 지금 우리가 누릴 수 있는 (감각적) 쾌락을 미루지 말 라는 얘길 전했다고만 해석한다면 감독이 무척 서운해 할 것 같아.

지용   뭔가 더 깊은 뜻이 담겨 있나요?

철학쌤   키팅 선생이 『시의 이해』라는 교과서의 서문을 찢어버리라 고 하면서 학생들에게 했던 말 기억나? "시가 아름다워서 읽 고 쓰는 게 아니다. 인류의 일원이기 때문에 그런 거야. 인류 는 열정으로 가득 차 있어. 의학, 법률, 경제, 기술 따위는 삶을 유지하는 데 필요해. 하지만 시, 낭만, 사랑, 아름다움은 삶의 목적인 거야"라고 말이야. 그러고는 학생들에게 월트 휘트먼의 시를 읽어주잖아?

> 오!
> 오, 삶이여!
> 한없이 되풀이되는 이 의문들
> 믿음 없는 자들의 끝없는 행렬
> 어리석은 군중들이 들끓는 이 도시…
> 착한 것은 무엇이랴!
> 오!
> 오, 인생이여!
> 대답은 하나
> 그대가 여기 있다는 사실
> 비로소 내 삶이 있고 그 뜻이 분명해지네.
> 감동스런 연극은 계속되고,
> 그대 또한 한 편의 시가 되리니

지용   저는 키팅 선생님이 학생들에게 그 시를 읽어줄 때 가슴이 찡했어요. 중2 때 △△ 선생님의 국어 수업이 문득 떠올랐거든요.

철학쌤   중2 때 국어 수업이 어땠는데?

지용   그때는 지금이랑 다르게 선생님이 시어를 일일이 해석해주거나 제재나 운율을 분석하지 않았어요. 선생님이 시를 낭랑한 목소리로 읽어주시면 우리는 눈을 감고 들었죠. 그리고 그 느낌을 그림이나 글로 표현했어요. 또, 시를 짓기 위해 교실 밖으로 나가 꽃과 나무를 자세히 관찰하거나 개미를 살펴보기도 했고요. 일주일을 보내면서 가장 즐거웠던 일이나 슬프거나 화가 났던 일을 짝이랑 얘기를 나눈 후 그걸 소재로 시를 쓰기도 했어요. 자작시를 낭독하면 친구들과 선생님이 그에 대해 자신이 느낀 점을 얘기해주기도 했는데, 우리 각자가 조금씩 다르지만 서로 통한다는 느낌이 들었어요. 예전엔 몰랐는데, 그때가 참 좋았던 것 같아요.

철학쌤 그럼, "시, 낭만, 사랑, 아름다움은 삶의 목적"이라고 한 키팅 선생의 말이 무슨 뜻인지도 알겠네. (^^)

지용 으음, 어렴풋하게나마 알 것 같은 기분이에요. 시, 낭만, 사랑, 아름다움을 누리는 것이야말로 인류의 일원으로서 사람답게 사는 것이라는 얘기 아닌가요? (한숨을 푹 내쉬며) 그런데 고등학교에 입학한 후 제 삶은 시와 낭만, 사랑, 아름다움과는 동떨어져 있어요. 저도 '죽은 시인의 사회' 회원들처럼 시와 낭만, 사랑을 즐기고 싶은데….

철학쌤 이 영화에는 휘트먼, 소로, 테니슨 등 낭만주의 계열 시인들의 시가 많이 소개되고 있어.[2] 키팅 선생은 특히 월트 휘트먼과 헨리 데이비드 소로를 좋아하는 것 같아.

---

2 휘트먼과 소로는 초월주의 시인이라고 얘기되지만 초월주의도 넓게 보면 낭만주의에 속한다고 볼 수 있다.

내면의 감정을 중시한 낭만주의가 등장한 까닭은?

지용 선생님, 낭만주의가 뭐예요? 여러 번 들어봤는데 그 뜻은 잘….

철학쌤 낭만주의는 18세기 말에 탄생해 19세기 초까지 유럽의 문학과 예술을 휩쓴 새로운 생각이야. 낭만주의는 "우리 내면에 끓어오르는 벅찬 감정에 충실하자", "가슴이 느끼는 대로 행동하고, 자유롭게 표현해보자"는 거야. 왜냐하면 낭만주의는 계몽주의에 대한 반발로 등장했거든. 수업시간에 이야기했던 것 같은데, 계몽주의가 뭔지 기억하니?

지용 으음, 그러니까 이성의 힘에 의거해 미신이나 편견을 몰아내자는 사상 아니에요?

철학쌤 그래, 잘 기억하고 있구나. (^*^) 계몽주의란 이성과 과학의 힘으로 중세의 어둠, 즉 신분제와 군주제, 교회의 권위를 걷어내고자 한 사상이라 할 수 있어. "모든 인간은 자유롭고 평등하

자살한 자들의 숲
윌리엄 블레이크, c.1824~27.

외젠 들라크루아, 1830, 루브르 박물관 **민중을 이끄는 자유의 여신**

다"는 생각을 널리 퍼뜨린 프랑스대혁명은 계몽주의의 승리라고 볼 수 있지.

지용   중세의 어둠을 걷어냈으니, 계몽주의는 좋은 사상 아니에요? 그런데 낭만주의는 왜 계몽주의를 비판한 걸까요?

철학쌤   그렇게 간단치가 않단다. 정치적으로 계몽주의가 승리할 무렵 유럽에서는 또 하나의 변혁, 즉 산업혁명이 진행되고 있었어. 증기기관의 발명으로 기계가 대량으로 물건을 생산해내는 시대가 열린 거야. 산업혁명은, 세상이 과학과 이성에 의해 '진보'한다는 계몽주의자들의 믿음을 눈앞에서 생생하게 실현시켜주는 듯했지. 한데 곧 이상한 일이 벌어지고 말았어.

지용   어떤 일인데요?

철학쌤   프랑스에서는 권력을 잡은 혁명파들이 혁명의 적을 처단한다는 이유로 수많은 사람들을 단두대에서 처형했어. 심지어는 혁명파의 리더인 로베스피에르마저 단두대에서 처형당할 정도였지. 또, 프랑스 혁명의 정신을 계승한 영웅이라 봤던 나폴레옹이 혁명의 정신을 배반하고 스스로 황제가 되었단다. 게다가 도시의 노동자들은 쥐꼬리만 한 임금을 받으며 하루 14~18시간씩 일했어. 대여섯 살 된 아이들도 공장에서 12시간 정도 일을 해야 했고. 당시 노동자 어린이의 평균 수명은 17세에 불과했대. 그러자 많은 사람들의 머릿속에 "과학과 이성이 과연 인간의 행복을 약속해줄 수 있는 걸까?"라는 의문이 떠올랐어. 그들은 이성의 대안으로 열렬한 사랑, 희로애락과 같은 생생한 감정, 삶에 대한 열정에 주목했지.

모든 이론은 회색이고, 영원한 것은 저 푸르른 생명의 나무다.

— 괴테, 『파우스트』

지용   괴테의 소설 『젊은 베르테르의 슬픔』을 보면 베르테르가 실연
의 아픔을 견디지 못해 결국 자살하잖아요. 그럼, 그 소설도
낭만주의의 영향을 받은 거겠네요?

철학쌤   그래, 『젊은 베르테르의 슬픔』은 독일 낭만주의를 대표하는
소설이지. 그런데 베르테르가 자살하게 된 이유를 단순히 실
연 때문이라고만은 볼 수 없을 것 같아. 베르테르는 실연당한
후 어느 도시의 공무원이 되었는데, 공무원 생활이 그에게 전
혀 맞지 않았지. 출세에 눈먼 사람들, 귀족과 평민 간에 넘을

이탈리아 여행 중의 괴테
「캄파냐 로마나에 있는 괴테」, 요한 티슈바인, 1787.

수 없는 벽 등등. 아마도 괴테는 이 소설을 통해 이성주의자와 낭만주의자, 귀족과 새로운 시민 계급 간의 갈등을 보여주려 한 것 같아. 그런데 지용아, 이 영화에서 볼 수 있는 낭만주의적 요소에는 어떤 것들이 있을까?

지용   (잠시 생각에 잠긴다.) 우선, 체트(크리스의 애인)가 버티고 있는데도 녹스가 크리스에게 용감하게 사랑을 고백한 것을 들 수 있을 것 같아요. 그리고 닐이 아버지의 반대를 무릅쓰고 연극에 출연한 후 아버지가 사관학교로의 전학을 강요하자 자살하고 마는 것, 찰리 달튼이 '죽은 시인의 사회' 이름으로 남녀공학을 주장하고 "하느님에게 전화가 왔어요"라며 교장 선생님에게 장난친 것도 낭만주의를 드러낸 게 아닐까 싶네요.

철학쌤   오호, 나이스 캐치!!

시를 잘 읊으면 연애도 잘할 수 있다?

지용   (약간 머쓱해 하며) 영화에서 키팅 선생님이 수업에서 학생들이랑 이런 얘길 나누잖아요.

키팅 : 언어가 왜 만들어졌는지 아나?

닐 :   의사소통을 위해선가요?

키팅 : 땡! 틀렸다. 언어를 만든 것은… 여자를 꼬시기 위해서야. 여자를 꼬실 때 중요한 것은 게을러서는 안 된다는 것이다.

한데 "여자를 꼬시기 위해서" 언어가 생겨났다는 말, 근거 있는 얘기인가요?

철학쌤 글쎄~. 강한 이빨이나 발톱도 없고, 예민한 귀나 코가 없는 인간들이 사바나 초원에서 살아남기 위해서는 무리를 지어 생활할 수밖에 없었고, 그러다 보니 언어가 만들어졌을 것 같은데…. 또, 나라를 건국했거나 나라를 위기에서 구한 영웅들의 행적을 그린 서사시가 개인의 감정을 노래한 서정시보다 먼저 나왔잖니? 그걸 생각해보면 키팅 선생의 주장이 틀린 것 같구나. 하지만 자신에게 소네트나 발라드를 바치는 가난한 시인들을 여자들이 좋아했던 것만은 분명해. 안토니오 스카르메타가 쓴 소설 『파블로 네루다와 우편배달부』에는 주인공이 보내준 소네트에 홀린 16살 딸에게 엄마가 이런 얘기를 들려주는 대목이 나와.

"번드르한 말처럼 사악한 마약은 없어. 촌구석 술집년을 베네치아 공주처럼 느끼게 만들지. 그리고 나중에 진실의 순간이 오면, 즉 현실로 되돌아오면 말이란 부도수표일 뿐이라는 걸 깨닫게 되지."
"강물은 자갈을 휩쓸어 오지만 말은 임신을 몰고 오는 법이야."

파블로 네루다와 우편배달부를 영화화 한 「일 포스티노」 포스터(네이버 영화)

지용 캬하~, "촌구석 술집년을 베네치아 공주처럼 느끼게 만든다", 이런 마력 때문에 여자들이 자신에게 시를 바치는 남자에게 뿅~ 가는 거군요.

철학쌤 요즘 네 마음을 흔드는 여자애가 있나 보구나. 연애를 잘하려면 시를 열심히 읽고 써봐야겠네. (^*^) 그리고 기회를 잘 포착하라는 키팅 선생의 말도 명심해야지.

지용 (머리를 꾸벅하며) 고맙습니다!! 선생님, 아까 말씀하신 휘트먼과 소로에 대해 얘기해주세요.

지금 삶의 정수를 맛보아라!

철학쌤 좋아. 월트 휘트먼은 시집 『풀잎』에서 자유시의 형식으로 당대 미국사회를 관통하고 있던 주류의 신념에서 벗어나 새로운 관점을 제시했어. 19세기 미국사회는 청교도[3]적인 관념이 지배하고 성 차별, 인종 차별을 당연시했다고 해. 그런데 휘트먼은 인간과 자연 만물 모두가 존귀하다는 믿음으로 이들을 예찬하고, 자유와 평등의 정신을 생동감 있게 읊었지. 영화에 자주 나오는 대사 "캡틴, 마이 캡틴"의 출처는 휘트먼이 링컨 대통령을 기린 시였다는 것 아니?

지용 아뇨, 몰랐는데요. 그런데 키팅 선생님이 학교를 떠나던 날 학

---

3 1620~1800년에 영국의 청교도들은 종교적 박해를 피해 미국으로 이주했는데, 엄격한 도덕, 주일의 엄수, 향락의 제한 등을 중시했다.

생들이 책상 위에 올라가 "캡틴, 마이 캡틴"을 외쳤잖아요. 그건 정말 깊은 애정과 존경심을 표현한 거네요.

철학쌤 그럼~. 이제 소로 얘기를 해볼까? 소로는 자연주의, 단순하고 소박한 삶, 정의롭지 못한 정부에 대한 불복종 정신으로 잘 알려져 있는 사람이지. 그는 월든 호숫가에 오두막을 짓고 2년간 홀로 지냈는데, 그때의 삶을 기록한 책이 바로『월든』이야.『월든』은 소로우가 자연과 깊이 교감하면서 생각하고 느끼고 깨달은 것들을 솔직하게 적고 있기 때문에 오늘날 녹색주의자들의 교과서가 되었어. 키팅 선생이 '죽은 시인의 사회' 회원들에게 물려준 책 서문에 소로의 시가 적혀 있던 것 기억나니? '죽은 시인의 사회' 웰튼 지부의 재결성을 선언하면서 닐이 낭독했던 시 말이야.

나는 숲으로 갔다.
왜냐하면 인생을 자유롭게 살고 싶어서였다.
나는 삶의 정수를 마음속 깊이
그리고 끝까지 맛보며 살고 싶다.
삶이 아닌 모든 것들을 털어버리기 위해
목숨이 다하는 그 순간까지
삶이 끝났다고 포기하지 말자!

이렇게 보면 '카르페 디엠'을 "미래를 위해 지금의 (감각적) 쾌락을 놓치지 말라"고 해석할 수는 없지 않을까?

지용　그러게요. 그렇다면 현재의 삶에 충실하라, 미래의 성공을 위해 안달하지 말고 지금 삶의 정수를 맛보아라, 이렇게 해석해야 할까요? 소로에겐 부조리한 문명⁴에서 벗어나 자연 속에서 소박하게 사는 것이 삶의 정수였겠죠? 저는 이 영화를 보면서 그 말을 청소년 시절에 하고 싶은 일 억제하지 말고 실컷 해보라는 암시로 받아들였는데!

철학쌤　(빙그레 미소를 지으며) 빙고~! 참, '카르페 디엠'이란 말의 출처를 알려줄까? '카르페 디엠'은 에피쿠로스학파⁵의 시인이었던 **호라티우스**가 지은 시에 처음 나오는 말이지.

지금 이 순간에도 티레니아 바다의 파도는 맞은편의 바위를 점점 닳아 없애고 있다네.
(친구여,) 현명하게 살게나, 포도주를 줄이고 먼 미래의 욕심을 가까운 내일의 희망으로 바꾸게나.
지금 우리가 말하는 동안에도, 질투하는 시간은 이미 흘러갔을 것이라네.
Carpe diem, 미래에 최소한의 기대를 걸면서.

에피쿠로스학파는 헬레니즘 시대에 쾌락을 추구한 학파인데,

4　미국연방공화국은 모든 사람은 동등하게 창조되고 창조주로부터 생명과 자유, 행복추구의 권리를 받았다는 믿음에 기초해 수립되었다. 하지만 당시 미국사회는 노예제가 자리 잡고 있었다. 그리고 미국이 텍사스 공화국을 자국 땅으로 병합한 일이 발단이 되어, 1846~48년에 미국-멕시코 간 전쟁이 발발했다.
5　에피쿠로스의 학설을 신봉하는 철학의 한 학파. 스토아학파와 견줄 수 있는 헬레니즘 시대의 양대 학파의 하나로, 간소한 생활 속에서 정신적인 쾌락을 추구하였다.

이들은 지금 우리가 생각하는 쾌락주의와는 좀 달라.

지용   어떻게 다른데요?

철학쌤   그러니까, 에피쿠로스학파는 식욕이나 성욕의 충족과 같은 감각적인 쾌락을 추구한 게 아니었어. 이런 감각적인 쾌락은 순간적인 만족만을 주는 데다가, 이런 쾌락을 추구하는 삶은 역설적으로 더 많은 고통을 안겨준다고 봤기 때문이지. 또, 명예나 재물에 대한 욕심도 멀리하려 했어. 이들은 소박하고 절제된 삶을 살아가면서 정신적인 동요나 근심이 없는 평정심의 상태, 즉 아타락시아⁶를 추구했어. 호라티우스의 시에서 에피쿠로스학파의 사상을 읽을 수 있지 않니?

지용   에피쿠로스학파는, 말로는 쾌락을 추구한다고는 하지만 실제론 금욕주의랑 별반 다르지 않네요. 저는 에피쿠로스학파보다는 낭만주의가 더 마음에 들어요. 육체적, 정신적 고통이 없는 삶을 추구하는 것은 너무 소극적인 태도 같아요. 터질 것 같은 가슴, 끓어오르는 열정, 고통, 좌절을 회피하려는 태도는 삶을 회피하는 것처럼 보이거든요.

철학쌤   100% 공감해. 우리 20대 때도 '가늘고 길게' 살기보다는 '굵고 짧게' 살자는 말이 유행했어.

(잠시 침묵이 흘렀다.)

---

6 아타락시아(ataraxia)는 잡념에 사로잡히지 않고 동요가 없이 고요한 마음의 상태를 이른다. 에피쿠로스의 철학에서 이것은 행복의 필수 조건이며 철학의 궁극적인 목표이다.

자신만의 걸음으로 걸어라!

철학쌤 키팅 선생이 잔디밭에서 아이들을 걷게 한 장면 있었잖니? 4명의 학생이 처음엔 각자 나름의 발걸음으로 걷다가 점차 발을 맞춰 걸어간 장면 말이야.

지용 네. 그것을 지켜보던 키팅 선생님이 학생들의 걸음걸이에 맞춰 하나, 둘, 셋, 넷 손뼉을 치니까, 학생들이 박자에 맞춰 신나게 잔디밭을 행진했어요. 나머지 학생들도 친구들의 행진에 손뼉을 치며 즐거워했어요.

철학쌤 키팅 선생이 갑자기 "Stop!"을 외치고 나서 했던 말 기억나?

지용 예, "어느 누구든 타인과의 관계에서 내 신념을 지켜나가기가 쉽지 않다. 사람은 누구나 남들에게 좋게 받아들여지고 싶은 강한 욕구가 있기 때문이다. 하지만 나는 독특하다는 것을 믿어라. 누구나 몰려가는 줄에 설 필요는 없다. 자신만의 걸음으로 자기 길을 걸어라. 남들이 뭐라 비웃든 간에…"라고 이야기했어요. 정말 감동적인 대사였어요!

철학쌤 우와~, 잘 기억하고 있네.

지용 키팅 선생님은 이 걷기 실험을 통해 학생들에게 뭘 말하고 싶었던 걸까요?

철학쌤 학교 교육이, 혹은 근대사회가 인간을 획일화한다는 것을 말하고 싶었던 것 같아. 웰튼 아카데미 학생들 대부분 아이비리그의 경영대, 의대, 로스쿨에 진학해서 CEO, 의사, 법률가가 되려고 하잖아. 자신의 숨은 재능이나 열정도 모른 채 사회적으로 인정받는 직업과 지위를 가져야 행복하다는 통념에 따라서 말이야.

지용 (갑자기 목소리를 높이며) 지금 우리의 현실도 다르지 않은 것 같아요. 진로적성이나 흥미검사를 한다지만 그건 정말 형식적인 절차에 불과해요. 닐처럼 어딘가에 꽂혀서 몰입해보지 않는 이상 자신이 정말 뭘 원하는지, 뭘 할 때 살아 있다는 느낌이 드는지 알 수 없단 말이에요. 그런데 조금만 한눈팔면 낙오될까 불안하고, 성적이 조금 떨어지면 엄마가 당장 "너 이러다 인서울(In 서울) 못한다"고 혼내시고!

철학쌤 그렇구나. 찰리 달튼이 사고를 쳤을 때 교장 선생님이 키팅 선생님을 불러 얘기하는 장면이 있었잖니?

교장 : 키팅 선생, 우리 웰튼에는 이미 짜인 교과 과정이 있소. 그건 결과를 통해 입증된 거요. 그리고 성과도 컸고 말이오. 만에 하나 학생들이 다른 생각을 품고 있다면 그걸 막아야 하는 게 우리 교사의 도리가 아니겠소.

키팅 : 저는 학생들이 스스로 생각하는 법을 가르치고 싶습니다. 그것이 올바른 교육이라고 생각합니다.

교장 : 그 또래의 학생들에게 말이오? 그건 불가능한 일이오. 지금 학생들에게 필요한 것은 전통과 규율이오. 전통과 규율 말이오! (다시 부드러운 표정을 지으며) 학생들을 대학에 합격시킬 궁리나 해요. 그럼 다른 일도 저절로 해결될 거요.

지용아, 넌 그 장면 어떻게 봤어?

지용   저는 그 장면을 보면서 웰튼 아카데미의 교장 선생님이 지금
      의 학교 교육의 목적을 잘 설명해주고 있다고 생각했어요. 말
      로는 널리 세상을 이롭게 하는 인간, 자율적이고 창조적인 사
      람, 민주 시민을 기른다고 하지만 실상은 학생들을 암기하고
      문제 푸는 기계로 만들잖아요. 그런데 학교가 왜 이렇게 된
      거죠?

학교는 학생을 자유로운 개인으로 길러내는가?

철학쌤 예전에는 지배 계급의 자제들 외에는 교육을 받을 수 없었는
      데, 근대적 학교가 발명되면서 비로소 만인이 교육 받을 수
      있게 되었어. 그래서 학교를 근대의 훌륭한 발명품이다, 민주
      주의의 근간이다, 이렇게 얘기하는 사람들도 있단다. 으음, 근
      대적인 학교의 기원과 성격을 얘기하자면 과거에 학교와 비슷
      한 기능을 했던 교육기관과 비교해봐야 할 것 같구나.

지용   서당이나 서원 같은 곳이요?

철학쌤 그래. 조선시대의 서당, 향교와 서원은 양반 사대부 계층의 자
      제들만 다닐 수 있었단다. 평민의 자제도 원칙상 다닐 수는
      있었지만 경제적 형편상 다니기 힘들었지. 당시 사대부 계층
      의 이상은 자신의 인격을 완성하고 백성을 편안하게 다스리
      는 관리가 되는 것이었어. 관리가 되려면 과거 시험에 합격해

야 했고. 그래서 관리가 되는 데 필요한 유교 경전과 문예(무예), 예의범절 등을 익혔어. 그리고 과거 1차 시험(소과)에 합격하면 성균관에 들어가 더 수준 높은 학문을 연마하고 2차 시험(대과)을 치러야 했지.

서당(書堂)
단원풍속도첩(檀園風俗畵帖), 국립중앙박물관

지용 그럼, 학교는 언제 생긴 거예요?

철학쌤 상공업이 발달하고 도시화가 이뤄지면서 근대적인 학교가 등장하게 돼. 우리나라에서는 1910년 국권 피탈 후 일제 총독부가 소학교를 전국 각지에 설립했지. 그런데 근대적인 학교의 주요 목표는 읽고 쓰고 셈하기(3R)가 가능하고, 공장이나 상점, 회사에서 근면성실하게 일할 수 있는 사람을 길러내는 것이었어. 왜냐하면 자연의 리듬에 따라 농사짓던 사람을 공장이나 회사에서 부리려 하니까, 너무 힘들었거든. 그래서 연령별 학년 구성, 세밀하게 꽉 짜인 시간표, 엄격한 규율과 감시 등의 시스템을 갖춘 거야. 지금은 달라졌지만 예전에는 인문계 고등학교나 대학교는 사회의 엘리트를 양성하는 기관이었어. 미국이나 영국에서는 지금도 웰튼 아카데미와 같은 명문 사립학교가 그런 기능을 담당하지.

중세의 학교와 근대의 콜레쥬 사이의 본질적인 차이는 규율의 도입에 있었다.

규율은 콜레쥬부터 시작되어 점차 사립 기숙학교로 확장되었고,

때로는 도시 전체로 확산되었다.

_필립 아리에스, 『아동의 탄생』

지용　헉~, 근대 이전이나 근대나 학교라고 하는 곳은 사회가 필요한 인력을 길러내는 곳이고, 학생 개개인이 무엇에 흥미를 느끼는지, 어떤 삶을 살길 원하는지에 대해선 별 관심이 없었다는 얘기네요.

철학쌤　글쎄, 근대에 들어 신분제가 무너지고 직업 세계가 다양해졌으니까, 아무래도 개인의 선택 폭이 넓어졌다고 봐야지. 하지만 근대사회가 자신의 삶을 자유롭게 기획하는 주체를 탄생시켰는지에 대해서는 의문의 여지가 있어. 푸코에 따르면 근대인은 한마디로 학교, 병원, 직장 등에서 실시되는 각종 규제라는 그물 속에서 태어났어. 다시 말해 근대인은 갖가지 규칙, 까다로운 검사와 시험, 신체에 속속들이 가해지는 자질구레한 통제의 그물 속에서 태어난다는 거지. 네가 보기에 요즘 학교는 어때?

교육의 희망은?

지용　학교에서 체벌이 사라져 그나마 다행이라 보는데, 그렇다고 규

36

제가 줄어든 것 같지는 않아요. 체벌 대신에 상벌점제가 생겼고, 정기적인 시험 외에도 수행평가가 많아 여유가 별로 없어요. 그리고 복장과 두발에 대해 규제하는 것도 짜증나고…. '나'란 사람이 이런 과정을 통해 만들어진다니, 우울해지네요. 그렇다면 학생들이 스스로 생각하는 법을 터득하고, 자신의 삶을 가꿔나가는 게 불가능할까요?

철학쌤 키팅이 말했듯이 진정한 자유란 꿈에서나 가능하겠지. 인간이 자연적, 사회적 제약으로부터 자유로울 수는 없을 테니까 말이야. 하지만 난 이 영화가 어떤 가능성을 보여주었다고 생각해. 지용아, 네가 좀 찾아볼래?

지용 (곰곰 생각한 후) 우선, 키팅 선생님이 웰튼 아카데미를 다닐 때 '죽은 시인의 사회'를 결성했다는 것. 또, 그 학교 교사로 돌아와 학생들에게 스스로 생각하는 법을 가르치려 노력했다는 것을 들 수 있을 것 같아요. 그리고 닐의 죽음에 대한 책임을 물어 학교 당국이 키팅 선생님을 해임했지만 영화가 비극적 결말로 끝났다고는 보지 않아요. 키팅의 수업 방식에 반대했던 라틴어 교사 맥카리스터가 자신도 모르는 사이 키팅의 수업 방식을 모방했고요. 교장의 강한 통제에도 불구하고 토드를 비롯한 학생들이 하나둘씩 책상 위로 올라가 키팅에게 "캡틴, 오 마이 캡틴!"이라며 작별인사를 보냈던 것도 그렇고요.

철학쌤 그래, 영화를 보는 눈이 매우 예리하구나. (^*^) 특히 마지막 장면을 통해 감독은 웰튼의 변화가 이제부터 시작이라는 것을 암시하는 것 같지? 그리고 이 영화의 감독이 웰튼 아카데

미 출신이라는 사실도 흥미롭지 않아?

지용 아, 그랬나요? 선생님, 그런데 영화가 아닌 현실 속에서도 희
    망이 있을지…?

철학쌤 그럼, 있고말고. 지금 우리나라에도 키팅 선생 같은 분들이 곳
    곳에 계시는 듯해. 또, 1990년대 후반부터 간디학교(산청), 한
    빛고등학교, 이우학교와 같은 대안학교[7]들이 속속 설립되었어.

지용 대안학교? 많이 들어보긴 했는데, 일반 학교랑 어떻게 달라
    요?

철학쌤 대안학교에서는 우선 통제와 상벌 위주의 생활지도에서 벗어

---

7 2016년 현재 교육과학기술부로부터 인가를 받아 졸업 후 학력을 인정받을 수 있는 대안
    학교는 대안교육 특성화학교와 각종 학교가 있다. 정규학교 형태로 설립, 운영되는 대안
    교육 특성화학교는 고등학교 25곳(공립4, 사립 21), 중학교 13곳(공립3, 사립10)이 있다.
    대안교육 특성화학교에서는 교과과정의 절반은 국·영·수 등 국민공통교과를 가르치고
    나머지 50%는 학교의 특성을 살려 건학 이념에 따라 생태농업, 건축, 대중매체 이해 등
    다양한 특성화 과목을 가르친다. 각종 학교 형태의 대안학교는 2016년 현재 25개교(공립
    6, 사립7)가 있으며 대안교육 특성화학교보다 느슨하게 운영된다. 한편 교육부의 인가를
    받지 않아 졸업 후 학력을 인정받지 못하는 비인가 대안학교도 2014년 현재 170 곳에 이
    른다. 비인가 대안학교는 교육부의 인가를 받지 않고 설립자나 운영자의 교육철학에 따
    라 운영되기 때문에 학교 규모나 운영 방식, 그리고 교육과정 내용 등이 매우 다양하다.

나 사랑과 존중, 신뢰에 기반을 둔 회복적 생활 교육을 추구했어. 그리고 입시 위주의 주입식 교육을 탈피하여 탐구·토론식 수업, 협동학습 등을 통해 학생들을 배움과 사유의 주체가 되게끔 노력했지. 특히 철학 수업을 통해 자기 삶의 의미와 방향을 탐색하고 인간 소외와 생태 위기 등의 시대적 과제에 대해 깊이 있게 고민하게 했어. 또, 생태농업, 연극, 인턴십, 자연 탐사와 같은 다양한 체험학습을 통해 학생의 머리·가슴·손발을 조화롭게 발달시키려 노력했지. 이런 대안학교의 움직임은 2010년대 공교육의 혁신[8]으로 이어지기도 했단다.

지용 아~, 그렇군요. 그럼, 입시 경쟁만을 강조하는 학교는 조만간 사라질까요?

철학쌤 장담하기는 어렵다만 대학 입시에 필요한 지식만을 달달 주입하는 학교는 점점 설 자리를 잃을 걸로 보여. 21세기에는 평생직장, 평생직업의 개념이 소멸할 것 같거든. 2013년 영국 옥스퍼드대 마틴스쿨의 칼 프레이와 마이클 오즈번 교수는 '고용의 미래' 보고서에서 자동화와 인공지능으로 인해 10~20년 안에 현재 직업의 47%가 사라질 것이라고 전망했어. 그러니까, 이 유동적이고 불확실한 미래를 살아갈 힘을 기르는 게 중요하다고 볼 수 있지.

---

8 2010년 진보교육감이 당선된 6곳(서울, 경기, 광주, 전남, 전북, 강원)에서 혁신학교 운동이 시작되었다. 2014년부터는 13곳으로 확대되었다. 혁신학교는 ▷경쟁보다는 함께 배우는 교육 ▷민주적으로 운영되는 학교 ▷교사·학생들끼리 소통하고 협력하는 학교 문화를 목표로, 교장과 교사들에게 학교 운영 및 교과 운영의 자율권을 주고, 학생들에게는 탐구·토론 중심의 수업을 강조하는 등 교육과정의 다양화·특성화를 통해 공교육의 정상화를 추구한다.

지용 어떤 능력이 필요한데요?

철학쌤 우선, 평생에 걸쳐 지속적으로 학습할 수 있는 능력을 들 수 있어. 지식이 빨리 변해서 유효기간이 짧아지는 정보화 시대에는 지적 호기심과 계속해서 새로운 것을 배울 수 있는 능력이 필요하지. 미래학자 앨빈 토플러는 "미래의 문맹은 글을 읽고 쓸 줄 모르는 사람이 아니라, 배우고 또 아는 지식을 활용하고 계속해서 배우는 방법(learning ability)을 모르는 사람이다"라고 말했어. 그는 "한국 학생들이 학교와 학원에서 미래에 필요하지 않은 지식과 존재하지도 않을 직업을 위해 하루에 15시간을 낭비하고 있다"고 지적했지.

지용 아니, 우리가 하루에 삽질을 15시간이나 하다니, 정말 억울한데요.

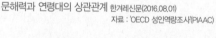

문해력과 연령대의 상관관계 한겨레신문(2016.08.01)
자료 : 'OECD 성인역량조사'(PIAAC)

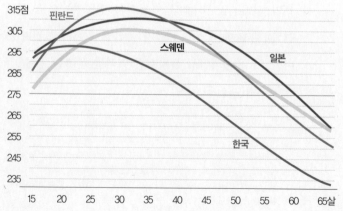

철학쌤 더구나 이로 인해 오히려 학습의욕을 상실한다니, 정말 안타까운 일이지.

지용 미래사회에 평생학습능력 말고 필요한 능력은 뭐예요?

철학쌤 음, 흔히 4C라고 부르는 능력이 필요해. 창의성(Creativity)과 문제해결능력, 비판적 사고능력(Critical Thinking)[9], 의사소통능력(Communication)[10], 협업능력(Collaboration) 등이지. 뇌과학과 인공지능을 연구한 김대식 교수(카이스트 전기 및 전자과)는 "미래에 약한 인공지능, 인지자동화가 실천되는 순간 창의성은 선택이 아니라 필수가 된다"고 했어.

지용 창의성이란 말 많이 듣는데, 그게 정확히 무슨 뜻인지….

철학쌤 김대식 교수가 말한 창의성은 "새로운 가치, 그러니까 새로운 지식이나 아이디어, 물건을 만들어낼 수 있는 능력 혹은 자신이 처한 상황과 세상을 냉철하게 분석하는 능력, 또는 이렇게 분석해서 얻어낸 결론을 실천할 수 있는 도전정신과 같은 것"이야. 그런데 이런 능력을 기르려면 교과 지식을 반복적으로 외우고 익히는 것보다는 질문하고 사유하며 학습하는 방법을 배우는 게 필요해. 또, 축제나 취미활동과 같은 놀이가 되었든 사회적 문제가 되었든, 친구들과 함께 뭔가를 기획하고 저질러보는 게 필요하지.

지용 선생님 말씀은 지금의 학교가 대안학교나 혁신학교처럼 바뀌

---

9 말이나 글에 나타난 사람들의 사고를 깊이 있고 다각적인 차원에서 이해하기 위해 그것을 분석·추론·평가하는 반성적 사고능력을 말한다.

10 다양한 매체를 활용한 의사소통능력. 영어가 글로벌 시대의 공용어가 되어가는 만큼 영어 사용 능력이 중요해졌다.

어야 한다는 얘기네요.

철학쌤　(고개를 끄덕이며) 응~. 키팅 선생님 같은 분들이 곳곳에서 노력하고 있으니까, 일반 학교도 조만간 바뀌지 않을까?

지용　그렇담, 전 뜻이 맞는 친구들이랑 '죽은 시인의 사회' 같은 동아리를 만들고 싶어요. (잠시 침묵이 흐른 후) 그런데 선생님, 닐의 자살을 어떻게 봐야 할까요? 저는 아들의 말을 안 듣고 자신의 생각만 강요하는 닐의 아버지를 보면서 너무 화가 났어요. 하지만 닐도 너무 성급했던 것은 아닐지.

부모님이 바뀌기만 해도 아이들의 행복 지수는 높아진다

철학쌤　영화니까, 이야기를 극적으로 전개한 것은 아닐까? 현실에서는 닐처럼 성취 경험을 느낀 아이가 자살하는 일은 거의 없어. 아버지가 부당한 일을 강요하면 반항(가출, 단식 등)하거나 자신의 뜻을 관철시킬 합리적인 전략을 세우겠지.

지용　그러게요. 뉴스를 들으니까, 자살하는 학생들은 대체로 자존감이 낮고 친구들로부터 따돌림을 당하거나 고립돼 있는 경우가 많았어요. 그런데 제가 닐이었다면 어땠을까요? 부모님이 제 의사를 무시하고 갑자기 사관학교 같은 곳으로 전학을 보낸다면 저도 닐처럼 '죽고 싶다'는 충동을 느꼈을 것 같은데요.

철학쌤　으음, 난 영화를 보고 나서 부모로서 내 모습을 곰곰 돌아보

앉았단다. 나도 닐의 아버지처럼 자식과 나를 동일시하는 건 아닐까? 가끔 딴짓하는 아들 때문에 스트레스를 받거든. 그때마다 "나는 그런 기회를 누려보지 못했다", "널 위해 우리가 얼마나 희생하고 있는지 아니?" 등등 닐의 아버지가 했던 말들을 사실 마음속으로 중얼거렸지. 그래서 부모로서 두 가지 원칙을 꼭 지켜야겠다고 다짐했어.

지용   (눈빛을 반짝이며) 어떤 거예요?

철학쌤   첫 번째 원칙은 자식을 나의 분신이 아니라 독립된 인격체로 인정하는 것. 자식은 나랑 유전자도 다르고 환경도 다르니까, 그 다름을 인정해야 한다고 생각했어. 그리고 무엇보다 "명문 대학을 나와서 좋은 일자리를 가져야 행복하다"는 고정관념을 버리려고 해. 그리고 두 번째 원칙은 사촌이나 엄친아랑 비교하지 않는 것. 토드가 최우수상을 받은 형 때문에 스트레스를 엄청 받았잖아. 성격도 되게 소심했고. 그러다가 키팅 선생의 믿음과 격려 속에서 놀랍게 변신하지 않니? 그런데 "옆집 아줌마를 조심하라"는 말이 있을 정도로 우리나라는 남과 비교하는 문화가 성행하는 것 같아. 이렇듯 자꾸 남과 비교하는 게 바로 각자의 개성을 억누르는 줄도 모르고.

지용   맞아요. 부모님들이 이 두 가지 원칙만 지켜도 우리의 행복 지수는 많이 높아질 거예요. 자살하는 아이들도 줄어들 거고… 그리고 키팅 선생님과 같은 분이 주변에 계신다면 나만의 걸음걸이로 내 길을 가는 사람들이 늘어날 거라 생각해요. 당장 저는 엄마가 성적에 민감하게 반응 안 하고 영화나 음악

43

을 애호하는 제 취향을 존중해주신다면 정말 살맛이 날 것
같아요.

왜 우리는 성공하려고 그처럼 필사적으로 서두르며, 그처럼 무모하게 일을 추진하는 것일까? 어떤 사람이 자기의 또래들과 보조를 맞추지 않는다면, 그것은 아마 그가 그들과는 다른 고수(鼓手)의 북소리를 듣고 있기 때문일 것이다. 그 사람으로 하여금 자신이 듣는 음악에 맞추어 걸어가도록 내버려두라. 그 북소리의 박자가 어떠하든, 또 그 소리가 얼마나 먼 곳에서 들리든 말이다. 그가 꼭 사과나무나 떡갈나무와 같은 속도로 성숙해야 한다는 법칙은 없다. 그가 남과 보조를 맞추기 위해 자신의 봄을 여름으로 바꾸어야 한다는 말인가?"

_헨리 데이비드 소로, 『월든』

나만의 시를 어떻게 쓰지?

선생님과 이야기하면서 문득 이런 생각이 들었다. 내가 하고 싶은 일이 없었던 건 게 아니었구나. 기자가 되어서 불편한 진실들을 밝혀내 사회를 바꿔보고 싶다는 생각을 한 적이 있다. 그래서 어떻게 하면 기자가 될 수 있을지 알아보고 직접 기자 분을 찾아가서 인터뷰도 했다. 그 결과 기자가 되려면 해야 할 일들이 엄청 많다는 것을 알게 됐다. 높은 공인영어시험 점수, 좋은 학벌, 수많은 봉사 시간 등등. 그 사실을 알게 되면서 기자는 내 장래 희망에서 사라졌다. 어쩌면 난 하고 싶은 일을 하기 위해 '해야 할 일'의 무게에 두려움을 느꼈던 것인지도 모른다.

그런데 이런 와중에도 뭔가 하고 싶은 일이 있고 그 꿈을 찾아가는 아이들이 부러웠다. 또, 대다수 사람들이 가는 대학을 '나 역시 가야 하지 않을까'라는 막연한 생각이 있었다. 그래서 나도 다른 아이들처럼 뭔가 하고 싶은 일을 정해야 한다고 생각했다. 그리고 그 하고 싶은 일이 폼 나는 일, 그러니까 남들에게 명함을 내밀면 우쭐해질 만한 일이길 바랐다. 아마도 이게 키팅 선생님이 말하는 '사람들의 행진에 보조 맞추기'일 것이다.

하지만 휘트먼이 말하듯 우리 각자는 저마다의 시가 될 수 있다. 그런 자유가 나에게 주어져 있는 것이고, 어쩌면 그 자유를 만끽하는 것은 인간으로서 당연한 일일 테다. 하지만 나만의 시를 만들기 위해서는 어떻게 해야 하지?

여전히 나는 왜 대학에 가야 하는지 모르겠다. 또, 내가 정말 무엇을 하고 싶은지도 모르겠다. 흔히 말하듯, 다양한 경험을 통해 내가 정말 뭘 하고 싶은지를 찾아봐야 할까? 닐은 연극배우를 뽑는 광고를 보자, '내가 정말로 하고 싶었던 일'이라며 뛸 듯이 기뻐했지.

그럼, 나도 관점을 바꿔보자. 장래 내가 어떤 직업에 종사하고 싶은가를 중심으로 보지 말고, 내가 지금껏 살아오면서 좋아했던 일, 즐거워했던 일이 뭔가 떠올려보자. 영화 보기, 음악 듣기, 친구들과 수다 떨기… 이런 일들을 나는 그저 취미라고만 생각했다. 그런데 어쩌면 이렇게 내가 좋아하는 일들이 (비록 평생 직업은 아닐지라도) 내가 하고 싶은 일, 즉 먹고사는 직업으로 이어질 수도 있지 않을까? '이런 일로 어떻게 먹고살 수 있겠어?'라는 막연한 두려움이 내가 좋아하는 일들을 취미로만 머무르게 했을지도 모른다.

그래, 이제는 내가 좋아하는 일들을 좀 더 깊이 있게 해보자. 영화를 보고 리뷰를 써본다든지, 내가 음악을 통해 위로 받았던 것처럼 음악이 갖는 치유 기능에 대해 공부해볼 수도 있을 것이다. 그리고 나랑 관심이 비슷한 애들이랑 '죽은 시인의 사회' 같은 동아리를 만들어야지. (^*^) 물론 또 겁을 먹고 '이건 내가 하고 싶은 일이 아닌가 봐'라며 도망칠지도 모르겠지만. 그럼, 또 어떠냐? "카르페 디엠, 지금 삶의 정수를 맛보자!"

2 역사란
무엇일까?

사실과 역사

같은 역사적 사건인데 해석은 왜 다르지?

나와 페이스북(SNS) 친구인 삼촌은 한때 변호사였지만 지금은 환경단체에서 활동하신다. 삼촌은 페이스북을 통해 자신이 어떤 일을 하고 있는지 알리고, 논란이 되는 주제에 대한 자기의 생각을 적극적으로 펼치신다. 나는 주로 맛있는 음식 사진을 올린다거나 웃기는 동영상을 친구들과 공유한다. 나와 친구들은 주위에서 벌어지는 신기한 장면이나 재미있는 글들을 올리니 삼촌과 페이스북 쓰임이 조금 다른 것 같다.

최근 삼촌은 얼마 전 한일 정부가 합의했다는 위안부 문제와 관련해 격한 표현을 쓰시며 '있을 수 없는 일'이라 분노하셨다. 합의를 무효화하지 않으면 역사에 큰 죄를 짓는 일이라고도 했다. 그런데 텔레비전을 통해 접하는 뉴스는 같은 사안인데도 분위기가 사뭇 다른 것 같다. 심각한 뉴스도 아닐뿐더러 앞으로 원만하게 잘될 것처럼 나온다. 정부가 역사 교과서를 국정화한다고 선언했을 때가 생각났다. 당시 국무총리는 역사 교사 90% 이상이 편향된 역사관을 갖고 있고, 교과서 또한 어느 한쪽 입장에만 치우쳐 있어서 올바른 교과서를 하나로 만들 수밖에 없다고 담화를 발표했다. 그런데 학교 역사 선생님께서는 전혀 다른 말씀을 하셨다. 한마디로 역사 교과서 국정화는 대한민국 학생들의 정신을 모두 같게 만들어버리려는 시도인데, 이런 시도는 독재자들이나 하는 짓이라고 말이다. 또 한편 가족 식사모임에서 할아버지는 TV를 보시며 몹쓸 교과서 때문에 학생들이 공부는 안 하고 국가가 하는 일에 덮어놓고 반대만 한다며 혀를 끌끌 차셨다. 심지어 젊은이들이 잘못된 교과서 때문에 열심히 노력도 하지 않고 대통령을 욕한다며 흥분하기까지 하셨다. 난 그때 할아버지 말씀에 아무런 대꾸를 못 했다. 하지만 교과서와 대통령을 욕하는 것은 별 관련이 없는 것 같은데 할아버지께서는 왜 그렇게 말씀하셨는지 지금도 이해가 되지 않는다.

위안부 합의 문제에 대해 삼촌과 학교 선생님, 그리고 내 친구들 몇몇은 왜 격렬하게 분노하는 걸까? 반면에 어떤 사람들은 왜 어쩔 수 없었다고 하는 걸까? 나는 삼촌 페이스북에 댓글을 남겼다. "삼촌… 이번 위안부 합의에 대해 SNS 하고 TV 하고 분위기가 너~무 다른 것 같아요. 같은 역사적 사건에 관한 건데 사람들은 왜 이렇게 다르게 이야기하지요?" 삼촌은 답변을 남겼다. "영만아, 손아람이라는 작가가 쓴 『소수의견』이라는 소설이 있다. 치열하게 법적으로 다투는 소설인데 삼촌이 보기에는 역사를 어떻게 볼 것인가를 이야기해볼 수 있을 것 같다. 영만이 네가 읽기에 조금 어렵긴 해도 읽다 보면 빠져드는 맛이 있을 게다. 도서관에서 빌려서 읽어보고 만나 이야기해보자. 맛난 저녁 사줄게!"

『소수의견』이라… 처음 들어보는 제목이라 인터넷으로 검색했다. 원작 소설을 바탕으로 같은 제목의 영화로도 제작되었단다. 왠지 이 소설을 아는 사람이 별로 없을 것 같다. 나는 동네 공공 도서관에서 책을 빌려서 읽기 시작했다. 소설은 "사건은 대한민국 법률 및 학설과 판례에 따른다. 사건은 실화가 아니다. 인물은 실존하지 않는다"로 시작되었다. 어느덧 마지막 책장을 덮고서 삼촌 페북에 글을 남겼다.

영만
15분 전 · 수정됨 ▼

삼촌 『소수의견』이요, 소설인데 진짜 같았어요. 빨리 맛난 저녁 먹으며 재판 이야기해요.

좋아요 · 댓글달기 · 공유하기

 어려웠을 텐데 다 읽었구나? 역시 영만이는 한 번 시작하면 끝장을 본다 니까! 그런데 재판이 아니고 역사 이야기를 하자고 하지 않았던가? 허허.

소수의견

『소수의견』[11]은 서울 아현동 뉴타운 재개발 지구의 망루에서 벌어진 두 건의 살인 사건을 두고 긴장과 반전이 끊어질 듯 이어지는 법정 소설이다. 강제 진압 과정에서 숨진 16세 철거민 소년과 비슷한 시간, 같은 장소에서 철거민 소년의 아버지에 의해 숨진 20대 전경. 아버지는 특수공무집행방해치사로 기소되고, 이 사건의 변호를 나서서 맡으려는 이가 없어 사건은 결국 민변을 유령처럼 떠돌다 나이도 많고, 학벌도 별로이고, 연수원 성적도 별로인 국선변호사 '나'에게 왔다.

내가 만난 소년의 아버지 박재호는 자신이 전경을 죽였다는 것을 인정하면서도 경찰이 아들을 죽여서 아버지로서 전경을 때리게 되었다고 주장했다. 또한 검사가 제대로 수사하지도 않았고 오히려 철거 용역원이 아들을 죽인 것처럼 조작했다고 강변했다. 더불어 전부터 이 사건에 관심을 갖고 취재를 계속해온 언론사 사회부 기자의 적극적인 도움이 더해진다. 이윽고 나는 건조한 공소장에 적힌 내용과

---

11 『소수의견』, 손아람 지음, 들녘출판사, 2010. "개인은 내 관심사가 아니다. 나는 종(種)으로서의 인간에 대해 쓴다"고 밝힌 작가 손아람의 소설이다. 이를 원작으로 한 영화도 개봉되었다.

는 다른 진실이 숨겨져 있다고 확신하기에 이르며, 이를 위해 법정에서 싸우는 길에 시나브로 들어섰음을 깨닫는다. 결국 지인들에게 도움을 요청해 정의감으로 뭉친 변호인단을 구성한다.

경찰을 죽음에 이르게 한 소년의 아버지에 대한 특수공무집행방해치사 사건, 검찰이 수사를 통해 박재호의 아들을 죽인 범인으로 지목한 김수만에 대한 특수폭행치사 사건, 두 사건이지만 한 법정에서 벌어지고 있는 공방과는 별도로 변호인 측에서는 피고를 대한민국으로 하는 국가배상청구소송을 별도로 진행한다. 배상청구 금액은 단돈 100원. 돈은 필요 없으니 국가는 잘못을 인정해라!!

「소수의견」 포스터(네이버 영화)

「소수의견」 표지
(들녘출판사, 2010)

나는 변호사 선배 대석과 이준형 기자, 그리고 잘생기고 잘나가는 서울대 법대 이주민 교수와 팀을 이루어 언론을 적절하게 활용하고 국민참여재판을 이끌어내며 치열하게 법정 싸움에 임한다. 한편 국가 폭력의 정당성을 확보하고 공권력을 욕보인 박재호를 감옥으로 보내려는 검사 측은 때론 모호한 법규를 들어 수사기록을 열람할 수 없도록 하고, 또 한편으로 재판정에서 부드럽고 친근하게 국민참여 배심원에게 접근하며 변호인 측과 법정 공방을 벌이게 된다.

　'서는 곳이 다르니 풍경도 서로 다르다'고 했던가. 결국 경찰이 박재호의 아들을 죽였을 것이라는, 파란 하늘이 눈앞에 펼쳐진 것처럼 분명해 보이는 사실이 너무도 허무하게 인정되지 않는다. 과연 판사는 정말로 진술과 정황이 도무지 맞지 않는 용역 깡패 김수만이 박재호의 아들 박신우를 죽였다고 믿는 걸까? 그러니까 법은 사실에 관한 판단을 하는 도구는 아닌가 보다. 결국 소설은 전경이었던 자신의 아들을 죽인 박재호에 대해 선처를 부탁하는 전경 아버지의 이야기에서 클라이맥스를 이룬다. 물론 이에 대해 검사 측 반격 또한 만만치 않다.

역사를 대하는 우리의 자세

사실보다 더 사실 같은 이야기

삼촌 소설인데 어려웠지? 이 삼촌이 변호사 생활도 했잖아. 근데 나도 정신을 바싹 차리고 책을 읽게 되더라고. 흐흐, 그래도 생각보다 빨리 읽었던데… 어땠어?

영만 제가 원래 추리소설에 관심이 많아요. 그래도 잘 모르는 용어가 많아 힘들었는데 그냥 어려우면 넘어가면서 봤더니 나중에는 어느 정도 뭔지 알게 되던데요. 암튼 나중에는 추리소설 못지않게 박진감이 있었어요. 생각보다 재미있었어요.

삼촌 영만아, 그러면 소설에서 법적으로 공방이 벌어지는 게 뭐였는지 정리해볼 수 있겠니?

영만 음… 철거 현장에서 자기 아들이 폭행당하는 모습에 격분해 경찰을 숨지게 한 피고인 박재호에 대한 특수공무방해치사 재판이 가장 중요하지 않은가요? 변호인 측에서는 박재호가 경찰을 의도적으로 죽인 게 아니고 아들을 위해 정당방위 차원에서 경찰을 때릴 수밖에 없었다고 주장했고요.

삼촌 그래 맞다. 그리고 이 재판은 철거 용역 김수만이 박재호 아들을 죽였다는 특수폭행치사 혐의에 대해서도 동시에 진행되고 있단다. 물론 소설에서 박재호의 정당방위 성립 여부에 대한 다툼이 가장 치열하고 논쟁적이긴 했지. 그리고 또 다른 재판은 없을까?

영만 정확히 뭘 의미하는지는 모르겠지만 중간에 국가배상 청구소송이 있었어요. 배상금을 꼴랑 100원 요구하는.

삼촌 맞아. 정확하게는 국가에 의해 아들 박신우가 사망에 이르게 되어 정신적, 물질적 피해가 발생했으니 배상하라는 민사소송이야. 변호인 측은 배상금을 많이 받아내기보다 국가가 국민에게 피해를 입혔다는 점을 인정받고 싶었던 거지. 그래서 배상금으로 100원을 요구했지. 결국 패소했지만 말이다.

영만 그런 거군요. 박재호 입장에서 보면 아들을 잃었으니 정신적, 물질적 피해를 크게 입은 건데 인정되지 않다니 잘 이해되지 않아요. 물론 어느 한쪽 입장만을 두둔할 수 없지만요.

삼촌 국가권력을 집행하는 기관 중에 물리력 즉, 폭력을 대표적으로 사용하는 집단이 경찰이야. 그런데 100원이라도 배상을 해주게 되면 경찰이 하는 공무에 걸핏하면 피해를 입었다는 사람들이 소송을 제기할 테니, 매우 까다롭게 적용하여 국가의 잘못을 인정하려 들지 않을까?

영만 생각해보니 그럴 것도 같네요. 삼촌, 저는 소설을 읽으면서 전경의 아버지가 증인으로 나와 이야기하는 장면이 눈물 날 만큼 인상적이었어요.

삼촌   그랬구나. 나도 정말 마음이 뭉클해지더라. 그럼, 우리 그 장면
을 좀 더 자세히 이야기해볼까?

영만   네. 재판은 국민참여재판으로 진행되었어요. 시민들이 배심원
으로 참여하는 재판이니까 우리나라에서 자주 진행하는 재
판은 아니었어요. 그리고 사망한 전경의 아버지 증언 직전에
홍재덕 검사는 완전히 코너에 몰렸어요. 왜냐하면 그는 김수
만에게 박재호의 아들을 죽이지 않았는데도 죽였다고 진술하
면 조직을 보호해주고 구형을 적게 하겠다는 불법적인 제안
을 한 사실이 밝혀졌기 때문이에요. 그러니까 김수만이 박신
우를 죽이지 않은 게 확실해진 거죠.

삼촌   그래. 홍검사와 김수만의 대화록이 공개되면서 그들이 불법적
인 양형[12] 거래를 했다는 것이 드러났어. 배심원들은 박검사의
이 같은 파렴치한 행위에 대해 명백히 알게 되었고. 그런 가운
데 어처구니없게도 한 배심원이 검사를 향해 "저 개새끼"라고
말하면서 배심원 자격을 박탈당해버렸지. 소설 속 나는 그 상
황에 대해 "이 법정에서 자신만이 정의롭고, 자신만이 솔직하
고, 자신만이 실천주의자라고 공표하는 확신에 찬 얼굴. 정의
의 진짜 적은 불의가 아니라 무지와 무능이다"라며 중요한 순
간 분노를 다스리지 못한 배심원에 대해 매우 불편한 마음을
억누르며 심문을 시작했지.

영만   저는 죽은 전경 아버지가 한참을 생각하고 나서 "아들이 죽

---

12 양형(量刑)이란 형벌의 정도를 정하는 일을 말한다.

56

고 나서 저는 오래도록 생각했습니다. 누가 아들을 죽였는가,
그게 아니라 왜 아들이 죽었는가를요. 저는 누가 아들을 죽였
는지 알았기 때문에 그걸 궁금해 할 필요가 없었습니다. 박재
호 씨는 그럴 수가 없었을 것입니다. 박재호 씨는 누가 아들을
죽였는지 알지 못했습니다. 같은 아버지 된 자로서 그 슬픔과
분노에 공감합니다. 저는 믿습니다. 박재호 씨가 제 아들을 죽
이게 된 건 피치 못할 상황에서의 실수였을 거라고요. 저는
박재호 씨가 처벌 받길 바라지 않습니다. 배심원 여러분이 선
처해주셨으면 좋겠습니다"라고 말하는 장면이 너무 감동적이
었어요. 어쩌면 아들을 죽인 원수라 할 수 있는데. 제가 그런
상황이라면 상대방의 마음을 헤아릴 수 없을 것 같거든요.

삼촌 그래, 나도 김희택 아버지의 진술이 참 감동적이었다. 배심원
들의 판단에 큰 영향을 미쳤겠지?

영만 제 생각도 그래요. 아들을 죽인 가해자에게 그럴 만한 사정이
있었을 거라며 슬픔과 분노에 공감하면서 선처를 요청했으니
배심원들 마음은 아마도 이때 결정되었을 거예요.

무엇이 정당방위일까?

삼촌 그런데 말이다. 삼촌은 이 장면에서부터 아이러니하게도 뭔가
초점이 어긋나기 시작한다고 생각했어. 즉, 공방의 초점이 박
재호의 아들이 누구에게 어떻게 죽게 되었는가가 아니라 박재

호의 행동이 정당방위냐 아니냐에 대한 판단으로 급속히 빠져들게 되거든. 그것도 감성적으로. 죽은 전경 김희택의 아버지 진술 또한 그가 의도하지 않았지만 배심원으로 하여금 아들을 잃은 두 아버지의 슬퍼하고 분노하는 마음을 헤아리는 방향으로 흘러가기 시작하지.

영만 삼촌 이야기를 들으니 그런 면이 있기도 하네요. 일단 이 사건의 중요한 매듭이 풀리는 곳은 '박신우를 누가 죽였느냐'이어야 해요. 그리고 홍검사의 행동으로 보아 경찰의 박신우에 대한 폭행치사가 인정될 수도 있는데 이야기는 어이없게도 다른 방향으로 흘러갔잖아요?

삼촌 그러다 보니 이민정 검사는 박재호의 '정당방위' 성립 조건을 감성적이면서 날카롭게 지적하면서 홍검사가 저지른 파렴치한 행위를 만회함과 동시에 '누가 박신우를 죽였는가'란 중요한 사실에 대해서 비켜갔지.

영만 정확히 이해하지 못하겠어요. 정당방위는 예를 들어 누가 나를 때릴 때, 나도 때릴 수 있는 거 아닌가요? 먼저 공격하는 건 문제지만 맞았거나 맞지 않기 위해 즉, 나를 정당하게 방어하기 위해 상대방을 어쩔 수 없이 공격하는 거잖아요.

삼촌 그래. 네 말이 틀리지는 않는다만 법적으로 정당방위가 성립하려면 세부적인 요건이 있단다. 이 검사는 그 부분을 이렇게 파고들어. "피고인의 정당방위가 성립하려면 참고인의 아들이 위법행위를 했어야 합니다. 즉, 참고인의 아들이 피고인의 아들을 위법하게 폭행해서 사망에 이르게 했을 경우에만 피고인의 정당방위가 성립한단 말이죠." 이어서 결정적으로 이렇게 묻지. "변호인이 그 사실을 알려줬는지 궁금했습니다. 참고인께서는 아드님이 피고인의 아들 박신우를 때려죽였다고 생각하나요?"

영만 이 검사는 매력적인 외모를 가진 것으로 묘사되는데 이렇게 잔인하게 심문하다니…. 사람은 외모로 판단해서는 안 된다니까요.

삼촌 허허, 총칼만 들지 않았다 뿐이지 참 잔인한 장면이다. 그렇지? 그래서인지 작가도 "가학적인 질문이다. 이민정은 아버지에게 죽은 아들을 향한 부정과 다른 아버지에 대한 동정을 저울질하라고 강요하고 있었다. 참고인은 저울의 눈금을 보기는커녕 저울에 가진 것을 올릴 수조차 없었다. 검사가 생각한 대로였다. 참고인의 눈가에 눈물이 맺혔다"라며 그 상황을 설명하고 있어.

영만 저는 정말 법정 싸움이란 인정사정없구나 싶어요. 다 넘어갔던 배심원들 마음이 다시 원점으로 돌아올 수도 있었잖아요.

삼촌 네가 봐도 검사의 심문은 좋게 보면 탁월하고, 나쁘게 보면 감정을 먼저 불러일으키게 하는 교활한 심문이지? 하지만 법정에선 이런 일이 수도 없이 생긴단다. 솔직히 난 잔인한 다툼들이 너무 싫어 그만뒀다, 하하. 그런데 결국 그토록 잔인한 답을 요구한 검사에 대해 김희택 아버지는 이렇게 말하며 소설은 최고 절정에 이르지. "네, 그렇습니다. 제 아들이 그 아이를 죽였을지도 모른다고 생각합니다. 그리고 아마 그랬을 거라고 생각합니다. 이제 만족합니까?" 이어 작가는 "말을 마치자 증인은 귀에 들리는 울음소리를 냈다. 아들을 기리는 그 울음은 세상에 유일무이한 슬픈 울림을 가졌다. 그 유일한 울림을 이해하는 또 한 명의 아버지가 공명했다. 내 옆에서. 박재호가 흐느꼈다. 그는 목 놓아 울 수는 없었다. 피고인이었으므로. 서러움을 가둔 목젖이 꺽꺽댔다"라며 두 아버지의 슬픔을 묘사해.

영만 네… 소설에서 가장 극적인 장면이에요. 매우 슬프면서도 후련하기도 하면서 아주 인상적이었어요.

삼촌 재판정에서 검사는 죄를 밝히고 죄 값을 제시하는 일을 수행한다. 변호사는 의뢰인의 무죄를 입증하려 한다거나 형량을 줄이기 위해 노력하지. 그런데 어느 순간 검사와 변호사는 모두 사실에 관한 입증보다 '정당방위'란 법적 요건에 맞는가, 그렇지 않은가란 판단을 배심원들의 감정에 호소하고 있는 모습이야. 더군다나 소설의 작가 또한 '유일무이한 슬픈 울림'이라며 함께 감상적이 되어 있어. 물론 그렇다고 해서 문제는 아니지만 논리학에서 오류로 지적하는 '감정에 호소하기'였거든. 참 아이러니하지 않니?

영만 글쎄요. 삼촌 이야기가 뭔지 알 듯 모를 듯해요. 사실에 입각해 주장하고 법에 입각해 판사는 판단해야 할 것 같은데. 정당방위 성립 요건, 양형 거래, 배심원 평결, 재판장 평결 등등 무언가 어렵고 복잡하네요.

삼촌 고등학생인 네가 그런 용어들을 정확히 알 수 없지. 필요하지도 않고. 이제 소설 속 법정 이야기에서 조금 벗어날 때가 된 것 같다. 그러니까 내가 보기엔 김희택 아버지의 마지막 절규는 인간 본성을 깊이 생각해보게 한 외침이 아닐까 싶다.

영만 인간 본성에 대한 물음이라니요? 자기 자식을 죽인 사람이 자기는 죄가 약하다고 주장하는데 그것을 받아들이고 있는 거 아닌가요?

삼촌 재판정이니까 상대방을 눌러 이겨야 한다고 보면 김희택 아버지는 검사가 제안하는 방식으로 아들의 명예를 지켜야겠지. 하지만 그 아버지는 "네, 그렇습니다. 제 아들이 그 아이를 죽였을지도 모른다고 생각합니다. 그리고 아마 그랬을 거라고 생각합니다. 이제 만족합니까?"라며 사랑하는 자기 자식에 대한 사랑을 넘어서는 외침을 내뱉어. 이것은 법적 다툼을 넘어서 "인간이 인간을 어떻게 대해야 하는가"라는 윤리·철학적 영역, '사실'을 넘어서는 정치적, 역사적 영역으로 들어선 게 아닐까?

영만 재판정에서 판사는 감정에 휘둘리면 안 되겠지만 다른 이들은 어쩔 수 없지 않나요? 검사나 변호사는 그것을 적절히 이용하고요. 그런데 삼촌이 사실을 넘어섰다고 하니 문득 생각나네요. 제가 삼촌 페북에 댓글로 역사적 사건에 대해 사람들이 다르게 생각하는 이유를 물었지요? 삼촌, 이 법정 소설이 역사 이야기와 무슨 관련이 있는 거죠?

역사는 사실만으로 충분한가?

삼촌   이 소설과 관련해 두 가지 질문을 네게 던져보마. 첫째, 박신 우를 누가 죽였을까? 즉, 전경 김희택이 박신우를 죽였을까, 용역 깡패 김수만이 박신우를 죽였을까? 그리고 둘째, 진압 경찰에 대해 무죄선고가 내려진 근거는 무엇일까?

영만   첫 번째 질문에 답하자면 제가 현장에서 못 보았으니 단정할 수는 없지만 소설 속 상황으로 보아 김희택이 박신우를 죽도 록 만든 게 거의 확실한 사실 아닐까요? 그리고 두 번째 질 문에 대해선 잘 모르겠지만 경찰이 한 일은 공적인 일이었으 니…. 경찰이 열심히 일하다 보면 뜻하지 않게 사람이 다치거 나 죽을 수도 있잖아요.

삼촌   영만아, 네 이야기대로라면 김희택이 박신우를 때려 죽게 하 긴 했지만 죄는 아니란 결론을 내릴 수도 있는데, 그렇다면 박 신우의 죽음과 관련해 확실한 사실은 뭘까? '박신우가 죽었 다', 이것만 100% 분명한 사실이 아닐까?

영만   네? 삼촌이야기를 들어보니 확실한 사실은 '박신우가 죽었다' 네요. 그렇다면 법정에서 오고 간 수많은 이야기들을 어떻게 받아들여야 하지요?

삼촌   역사란 무엇일까? 흔히, 역사를 과거에 벌어진 사실이라고 한 다. CCTV에 찍힌 화면이 사실일까? 그렇다면 '역사적 사건' 은 뭘까? 신문이나 방송에서 많이 언급하면 역사적 사건일 까? 그렇다면 신문이나 방송에 오르내리도록 하는 사건은 누가 정할까?

영만   질문 하나하나 답하기 쉽지 않은데요. 그래도 일단 법이든 역사든 '벌어진 사실'이 무엇보다 중요하지 않나요? 그 사실을 정확히 법정에서 다루고, 후세대에게 전달해야 하고요.

삼촌   그래 네 말이 맞다. 그런데 네가 이야기하는 사실에 대해 곰곰이 생각해보렴. 세상엔 수많은 사실이 있다. 누군가 전지전능한 존재가 모든 일들을 녹화해놓는다 치자. 그러면 우린 역사를 정확히 알 수 있을까? 오히려 이곳저곳, 이 사람 저 사람에 의해 자세하고 끝없이 펼쳐진 사실의 바다에 빠져 허우적거리게 되지는 않을까?

영만   사실의 바다에서 허우적거리다니요? 음… 그러니까 법이든 역사든 사실 그 하나만 집중하게 되면 그 사실의 바탕, 주변 등을 종합적으로 판단하는 건 불가능하다는 말씀인가요?

삼촌   그래. 그 뿐만 아니라 사실에 집중하는 건 그것이 법정이나 역사의 증거가 되기 때문이라고 하는데, 만약 과거에 벌어졌던 일에 대해 증거를 찾지 못하면 어떤 일이 벌어지지 않은 걸까? 증거를 들이대지 못

위안부 할머니들의 이야기를 다룬 영화
「귀향」 포스터(네이버 영화)

하면 없었던 역사적 사실일까? 예를 들어 일본 위안부문제와 관련해 일본은 위안부 할머니에게 강제로 끌려갔다는 명백한 증거를 대라고 한다. 그래야 인정할 수 있단다. 근데 그게 맞는 주장일까?

영만　일본이 그렇게 주장해요? 강제로 끌려간 명백한 증거를 대라고요? 할머니들께서 무슨 계약서를 쓴 것도 아니잖아요. 그런데 무슨 확실한 증거가 남아 있겠어요? 삼촌 이야기를 들으니 당연히 사실만이 중요하다 여겼던 제 생각에 문제점이 있는 것 같네요. 그러면 역사에서 사실 못지않게 아니, 사실보다 더 중요한 게 있나요?

삼촌　역사에서 사실은 바탕이고 기본이지. 하지만 사실만이 역사의 전부라고 할 때 생길 수 있는 문제를 이야기해본 거야. 그러면 좀 전에 이야기했던 것을 이어가보자. 보통 수많은 사실 가운데 중요하다고 여겨지는 것을 사건이라고 해. 그리고 주요 사건들을 엮어 역사를 서술하지. 이때 '역사를 보는 눈' 즉, 역사관이 꼭 필요하고 중요한데 역사관은 하나만 존재하지 않는단다. 만약 모든 역사적 사건을 녹화해놓으면 해결될까? 잘 생각해보면 결국 사건은 무언가를 누군가가 정리하고 해석하는 게 아닐까? 그러다 보면 근간, 근거는 무엇을 바탕으로 하느냐에 따라 달라지고, 세상을 보는 눈과 역사를 보는 눈도 달라지는 게 아닐까?

영만　갑자기 많은 이야기가 쏟아져서 어려워요. 정리해보면 삼촌은 역사에서 사실 못지않게 정리하고 해석하는 일이 중요하다는 말씀이시네요. 그렇죠? 네, 그런 것도 같아요. 성서에서 예수의 행적을 기록한 복음서가 4편이 있고, 석가모니와 관련된 이야기는 수없이 많은 버전이 있다고 들었어요. 예수나 석가는 한 명이고 역사적으로 벌어진 사실은 하나라고 본다면 한 가지 이야기만 있어야겠지요. 하지만 당시나 후대 사람들이 자신들이 기억하고 전하고 싶은 바를 여러 가지로 남겼어요.

역사는 과거의 사실일까, 현재의 해석일까?

삼촌 역사에 관해 이야기할 때 많이 이야기 되는 대표적 사관은 실증주의와 현재주의 사관이야. 먼저 실증주의 사관에 대해 설명해줄게. 실증주의 사관의 핵심은 첫째, 역사는 일어난 사건이나 사실의 총체로서 역사 세계는 근본적으로 객관적이다. 둘째, 역사가는 일어난 사건이나 사실을 그대로 드러내는 반영 내지 복사에 충실해야 한다. 그리고 마지막 셋째, 역사가는 주관적 관점이나 사회적 제약을 제거함으로써 역사적 사건이나 사실을 그대로 밝혀내고 기록할 수 있으며 그것이 바로 역사가가 해야 할 가장 핵심적인 일이다. 어떠니 이해할 만하니?

영만 네. 역사를 '옛날에 실제로 있었던 이야기를 그대로 정확히 전달하는 것'이라고 간단히 정리하면 조금은 이해할 것 같아요. 그리고 중학교 때 역사 선생님께서 비슷한 말씀을 하셨던 것 같아요. 그러니까 결국 역사란 일어난 사건이나 사실을 정확하게 드러내기만 하면 된다는 거잖아요? 특별한 안경을 끼고서 역사를 해석하는 건 어떤 의도를 갖고 역사를 들여다보는 거니까 틀린 접근이다. 뭐 이 정도?

삼촌 그래, 제대로 이해했구나. 이 실증주의 사관에 따르는 역사란 언뜻 보면 사실, 증거, 발견에 의존하는 객관적이고 중립적인 학문으로서 과학과 비슷해 보여. 이 실증주의 사관은 한때 강력했던 사관이지만 오늘날 유력한 사관으로 인정받지 못한단다. 왜 그런 것 같니?

영만 우선 생각해보면… 우리나 역사학자가 일어난 사실이나 사건을 파악하는 데 기계가 영상을 촬영하듯 객관적이기는 불가능할 것 같아요. 역사를 바라보는 역사가나 보통사람들은 이미 어떤 생각들을 갖고 있으니까요. 그러니 어떤 것은 보존하고 어떤 것은 흘려야 하는지 선택할 수밖에 없지 않을까요? 물론 역사는 사실이 바탕이 되어야 한다는 대전제를 무시할 수는 없지만요.

삼촌 그래. 아주 정확한 지적이다. 조금 어렵게 이야기하자면, 결국 우리들이나 역사가는 일어난 수많은 사실과 역사화해야 하는 역사적 사건을 구별해야 하는데 이때 구별을 위한 좌표나 패러다임이 꼭 필요할 수밖에 없다는 것이지.

영만 삼촌, 잠깐! 좌표는 뭐고, 패러다임은 또 뭐예요?

삼촌 구별을 위한 좌표는 역사 서술의 기준이라고 보면 될 것 같다. 사실 A가 아니라 사실 B를 사료로 선택하게 되는 이유나 근거 같은 거 말이다. 또한, 패러다임은 **토머스 쿤**이라는 과학사학자가 처음 언급한 개념인데, 해당하는 시대 사람들이 공통적으로 알고 있고 받아들이는 생각의 틀, 인식의 틀을 뜻해. 천동설이 지배했던 시대와 지동설이 지배했던 시대를 비교해 보자. 별을 설명하는 방식이나 신을 믿는 믿음 등이 두 시대가 같을까?

영만 당연히 다르지요. 천동설이 지배하는 시대에는 별이 이 지구를 중심으로 운행했지만 지동설이 지배하는 시대에는 지구도 여러 별들처럼 운행한다고 설명하잖아요. 그리고 그렇게 믿고 있고요.

삼촌 잘 이야기해주었구나. 이렇게 두 시대 사람들의 생각 패턴과 세계에 대한 이해 방식이 다를 경우, 세계를 인식하는 "패러다임이 다르다"고 이야기하지.

영만 그렇군요. 그러면 이렇게 실증주의 사관에 중대한 난제가 있다면 또 다른 사관이 있나요?

삼촌 그건 현재주의 사관인데, 역사학자 크로체는 "모든 진정한 역사는 현재의 역사다"라는 말로 현재주의 사관을 설명한다. 약간 어렵지만 간단히 이야기해볼 테니 잘 들어봐. 우선 첫째, 어떤 사건, 사실 X가 과거에 발생했다고 해보자. 그리고 이 X에 대해 지금까지 알려진 자료는 D이고. 그러면 역사가는 자료 D를 바탕으로 하되 현재의 관점을 더해서 D1으로 해석한다. 그리고 마지막으로 역사가는 해석 D1에 의해 사건, 사실 X를 재구성한다는 것이 현재주의 사관이란다. 어떠니? 이해가 잘 되니?

영만 글쎄요. 언뜻 이해가 되지 않네요. 사실을 재구성한다니 뭔가 역사를 조작하는 것 같은 느낌이 들어요. 왜 이런 입장이 나오게 되었을까요?

삼촌 현재주의는 모든 역사적인 것들은 반드시 예외 없이 누군가에 의해, 무엇인가를 위해 선택되었다는 분명한 사실에서 출발한단다. 그렇다고 해서 정확하게 일어난 사실을 가벼이 여긴다거나 인위적으로 조작된 사실조차 인정할 수는 없겠지. 그렇지만 현재주의의 관점에서 우리가 아는 역사적 사실은 모두 누군가에 의해, 무슨 목적에 의해 후대에 전해진 내용이라는 거지. 여기에 역사는 늘 현재에 쓰인다는 점을 더 보탠다. 우리가 과거라고 알고 있는 것들도 그 당시에는 현재로서 남겨놓은 것이므로 현재에 재구성하고 재해석해야 한다는 뜻이야. 어떠니? 이해하는 데 조금 도움이 되니?

영만 네… 정확히는 아니지만 조금은 현재주의 입장이 이해가 되네요. 예를 들어 사극에서 보면 조선왕조 창업에 공이 큰 정도전에 대해 고려의 뿌리 깊은 부패에 맞서는 진보적인 개혁가 또는 왕조체제를 굳건히 지키려는 보수적인 권력가로 묘사되기도 하는데, 오늘날 관점에서 보면 이전에 서술된 사료를 바탕으로 오늘날 누군가가 어떤 목적에 의해 한쪽 방향으로 서술할 수 있다는 뜻이네요. 그렇다면 삼촌, 저는 갑자기 이런 생각도 들어요. 뭐냐면, 현재주의를 극단적으로 주장해서 "나는 D를 바탕으로 D2로 해석했으며 따라서 나는 X를 X9로 재구성할래" 이러면 어떻게 되나요? 그러면 누가 제대로 된 역사를 말하는 거죠?

삼촌   영만이가 현재주의 역사관의 단점을 아주 중요하고 핵심적인 말로 지적해주었구나. 맞아! 역사의 현재주의를 강하게 주장하면 역사에 대한 상대주의 입장에 빠지게 된다. 그렇게 되면 역사적 사실을 바탕으로 한 역사소설과 역사학의 구별은 불가능해지고 말아. 또한 조금 어렵기는 하지만 이런 문제도 있을 수 있어. 역사에 대해 알아가는 과정이나 서술하는 과정에서 학문 외적 관심이 개입하는 것을 막아낼 적절한 장치가 없다는 점이야. 그렇게 되면 학문의 객관성과 진리의 기준이 보편적으로 마련되기 어렵겠지. 그러면 과연 역사를 학문이라고 할 수 있겠느냐는 근원적인 물음에 도달하게 된단다.

영만   네? 무슨 뜻인지…. 그런데 상대주의가 뭐죠?

삼촌   역사에 있어 상대주의란 이렇게 이야기할 수 있을 것 같다. 역사적 사실에 대해 서로 다른 해석을 무한대로 허용하고 재구성하는 것을 인정하면 결국 역사를 소재로 삼아 맘껏 상상력을 발휘해도 되는데, 이때 모두 저마다 자신의 해석이 옳다고 주장할 수 있게 되겠지. 그러면 모든 해석들이 다 맞을 수도 있다고 해야 하는데 그렇게 되면 일반적 혹은, 공통적인 내용은 사라지고 개인 혹은 상황에 따라 달라지는 상대주의가 되는 거야. 그리고 현재주의는 역사학이 어떤 다른 목표나 가치를 실현하는 도구나 수단이 되는 위험에 빠질 수 있다는 문제점도 있단다. 예를 들어 어떤 정치 지도자가 국민들의 생각을 조종하기 위해 역사를 왜곡해버리고선 "나는 역사를 이렇게 해석할 뿐"이라고 할 수도 있다는 거야. 예를 들어 조선이 식민지시대를 겪었기 때문에 근대화를 앞당길 수 있었다는 주장이 바로 그런 해석이라고 할 수 있어. 즉, 역사는 그것 자체가 목적이 되어야 해. 만일 다른 목적을 달성하기 위한 수단이 된다면 그 순간 역사가 왜곡될 가능성이 매우 커지거든.

영만 그렇군요. 그러면 두 가지 대표적인 입장이 각각 큰 문제점이 있으니 어떻게 해야 하나요? "역사를 보는 눈은 문제가 많으니 어쩔 수 없다" 뭐 이런 건가요? 흐흐.

삼촌 영만아, 클라데니우스라는 역사가는 역사를 바라보는 관점 즉, 사관(史觀)에 대해 이렇게 이야기했다고 해. "역사관은 단순히 보는 것, 엄밀한 눈을 통해 멀고 가까운 원근을 볼 수 있는 힘, 관찰자의 감수성, 관찰자의 내면 상태, 관찰자의 신분이나 위치 등이 서로 작용하여 형성된다"고 말이야. 그러니까 역사란 여러 가지를 고려하면서 진실과 진리를 찾아가는 과정이라고 할 수 있겠지.

영만 어쩔 수 없다는 건 농담이었어요, 삼촌. 역사에 뭔가 있으니, 저도 그렇고 삼촌도 역사적 사건에 가슴이 뛰거나 분노하는 것 아니겠어요?

삼촌 그래 맞다. 사람 사는 세상과 역사에 대해 영만이가 얼마나 관심이 많은데 어쩔 수 없다고 포기하겠어? 그렇다면 이제부터 역사의 관점에서 『소수의견』의 사건들을 이야기해보자. 어때?

사건의 진실은 무엇이며, 어떤 사실을 해석해야 할까?

영만 그래요. 그렇지 않아도 조금 전까지 이해하기 어려운 역사관 이야기를 하며 이게 소설과 무슨 관련이 있을까 궁금했어요. 우선 첫 페이지 "사건은 대한민국 법률 및 학설과 판례를 따른다. 사건은 실화가 아니다. 인물은 실존하지 않는다"라고 쓴 부분은 역사적 사실이 전혀 아니란 말이니 역사와는 한참 먼 이야기가 아닐까요?

삼촌 아이러니하게도 소설 속 이야기는 우리 사회에서 실제 벌어진 일이 아님에도 불구하고 매우 사실적이지. 철거민과 철거 용역의 대치, 경찰의 폭력적 진압, 검사의 증거물 제출 거부 등등 소설 속 상황 대부분은 현재 우리 사회에서 벌어졌거나 벌어질 법한 일들이잖아. 실제로 작가는 2009년 서울 용산 재개발 지구에서 경찰과 철거민의 충돌로 6명이 숨진 용산 참사뿐 아니라, 그 후 재판과정을 면밀히 검토하고 소설을 썼다고 해. 이 소설은 역사적 사건이 어떻게 해석되고 흘러가는지를 텔레비전 역사극보다 훨씬 역사와 가깝게 이야기하고 있지.

「소수의견」 포스터(네이버 영화)

영만 네? 이 소설이 역사적 사실

71

을 바탕으로 하는 역사극보다 더 역사와 가깝다는 게 어떤 뜻인가요? 물론 지어낸 이야기가 훨씬 사실적일 수 있다는 점은 인정해요. 그렇다고 해도 가공된 인물과 사건이 어떻게 역사를 바탕으로 만든 드라마보다 역사일 수 있지요?

삼촌　내가 이 소설이 역사와 가깝다고 한 건 역사를 공부하고 해석하고 또 역사를 서술함에 있어 중요한 요소를 아주 잘 포착하고 있기 때문이야. 소설 첫 페이지에서 사건은 실화가 아니고 인물은 실존하지 않는다고 미리 선포해놓았지만 소설 속 사건인 철거민들과 철거 용역의 대치, 경찰의 진압과 후속 대처 등 그 내용과 진행 과정을 따라가다 보면 자연스럽게 몇 년 전 우리 사회를 엄청 떠들썩하게 했던 용산참사를 떠올리게 하잖니? 안타깝게도 재판의 결과는 소설과 정반대였지만 말이다.

영만　실제 용산참사의 재판 결과는 정반대였어요? 그러면 진압 경찰과 철거민들이 여럿 사망한 것으로 아는데 철거민들만 처벌을 받았단 말인가요?

삼촌　그래, 소설과 반대로 진압된 철거민들 가운데 가족을 잃었음에도 여러 명이 특수공무집행 방해죄로 징역을 살았단다. 같은 사건인데 정반대 결론, 그러니까 이 소설은 묻고 있는 거야. 사건의 진실이 무엇인지, 어떤 사실을 찾아내고 해석할지, 그리고 사건의 이면을 지배하고 있는 힘은 무엇인지를 독자에게 고민하게 하는 거지. 다시 말해 역사적 사실은 무엇이며, 우리는 그것을 어떻게 받아들여야 하는가? 권력기관이나 언론이 알려주는 건 모두 받아들일 만한가?

역사는 공동체의 기억을 조직하는 일

영만 　실제 재판 내용과 과정이 어땠는지 모르지만 아무튼 제겐 도
저히 납득이 안 되는 판결이네요. 그렇다면 삼촌, 우리는 역사
를 어떻게 해석하고 받아들여야 하나요? 용산참사 사건은 그
렇게 판결이 났고, 그런 역사적 사건으로 남는 건가요?

삼촌 　역사에 대해 "역사는 사회가 공유하는 집단의 기억이다"라는
말이 있어. 또한 E.H. 카는 역사에 대해 "과거와 현재와의 대
화"라고 정의하며 사실과 해석의 변증법적 대화를 분명하게
강조하고 있단다. 한편 "역사는 공동체의 기억을 조직하는 일
이다"란 말이 있기도 한데, 바로 이런 것들이 삼촌이 생각하
는 역사를 바라보는 관점이 되어야 하지 않을까 싶다만….

영만 　삼촌답지 않게 갑자기 자신 없이 말씀하시긴. 지금까지 역사
에 대해 이야기를 나누고 있지만 '공유', '집단의 기억', '사실과
해석의 변증법', '기억을 조직'이란 단어들의 뜻을 알 듯 모를
듯해요.

삼촌 　내가 그랬나? 혹시 그리스 신화 가운데 테세우스에 대한 이
야기를 아니? 그중에 '테세우스의 배' 이야기가 있단다. 테세
우스의 배는 100조각 나무판자로 만들어진 배야. 항해하면서
파손되는 판자들을 새로운 판자로 계속 교체했기 때문에, 몇

년이 지난 후 그 배는 처음 건조할 때의 나무판자는 한 조각도 남아 있지 않게 되었지. 그런데도 사람들은 여전히 처음과 마찬가지로 그 배를 테세우스의 배라 불렀단다. 역사에 관해서도 비슷하게 이야기할 수 있지 않을까?

테세우스의 배

영만 아! 알 것 같아요. 역사 또한 "새로운 사실을 발견하고, 그 사회가 공유하는 의식을 반영하여 재해석하면서 완결을 향해 나아간다. 테세우스의 배가 재료는 바뀌어도 테세우스의 배인 것처럼" 어때요?

삼촌　멋진데, 정말 대단해! 좀 더 추가해 이야기하자면 역사에 있어서 시간적으로 앞뒤에 연결되어 있기에 교체된 것들이 조금 다르긴 해도 이전 것과 닮아 있단다. 이것을 '가족유사성'이라고 부르는데 어떤 것이 시간 속에서 인과적으로 연결되어 존재하면서 각 시간 단면마다 전후가 닮아 있을 때, 우리는 그것이 자신의 정체성을 유지하고 있는 것으로 받아들이지.

영만　그러니까 사실을 보완하면서 변하고 완결되어 가지만 '역사'를 벗어나는 건 아니라는 거죠? 다시 말해 "역사란 수정이 가능하다는 전제 아래 현재로서 우리가 노력하여 만들고 조직해 가는 것"이란 거네요.

삼촌　그래, 아주 잘 정리했다. 거기에 또 건강한 상식을 가진 많은 사람들 혹은 지배자가 아닌 대다수 피지배자들이 동의 가능한 역사에 대한 인식이 필요하단 점을 덧붙여야겠구나. 결국 깊이 나아가면 현재 우리 사회와 나의 자아정체성에 관한 물음이 되는 게 아닐까?

영만　삼촌, 조금 이해할 만하면 또 깊이 들어가고…. 흐흐 어려워요. 우리 사회와 나의 자아정체성은 또 뭘까요?

삼촌　기억할지 모르겠네. 소설 『소수의견』 주인공 '나'는 이렇게 독백을 해. "삶의 국면마다 비슷한 질문들이 있었다. 법대를 졸업하는 날부터, 회사에서 해고당하고 사법연수원을 졸업하고 국선변호인이 된 지금까지, 기적 없이 뿌려진 무수히 많은 질문들. 기억은 시간 속으로 제각기 흩어졌지만 질문들의 몸통은 결국 하나였다. 어떻게 사는가, 어떻게 살아야 하는가, 어떻게 살고 싶은가의 문제"라고. 바로 이게 역사와 자아정체성이 닿아 있음을 보여주는 문구가 아닐까?

조작된 사건이 밝혀져 재평가되는 역사도 있다

영만 '내가 누구이며 어떻게 살아야 하는가'라는 자아정체성과 역사가 닿아 있다니. 내가 한국 사람이며 우리들은 어떻게 살고 싶은가와 우리 시대 즉, 역사는 닿아 있다는 뜻이군요. 뭔가 심오한 듯…. 삼촌, 그렇다면 어떤 역사적 사건이 새롭거나 숨겨진 사실이 밝혀지고 해석되어 재평가된 경우도 있나요?

삼촌 물론이지. 새로운 사료가 발견되는 경우도 있고, 조작된 진실이 밝혀지는 경우 그럴 수 있어. 우리나라 현대사에서 민청학련 사건은 조작된 진실이 밝혀진 사건이라고 볼 수 있단다.

영만 민청학련 사건이요? 전 처음 들어보는데요. 간단히 설명해주실래요?

삼촌 전국민주청년학생총연맹 사건을 줄여서 민청학련 사건이라 부른단다. 이 사건은 1974년 4월에 발생한 시국 사건으로 전국민주청년학생총연맹(이하 민청학련)의 관련자 180여 명이 불온세력의 조종을 받아 국가를 전복시키고 공산정권 수립을 추진했다는 혐의로 구속·기소된 사건이야. 하지만 30여 년이 지난 2005년 12월에 국가정보원 과거사건 진실규명을 통한 발전위원회는 재조사를 통해 "민청학련 사건은 학생들의 반정부 시위를 '공산주의자들의 배후조종을 받는 인민혁명 시도'로 왜곡한 학생운동 탄압사건"이라고 발표했지. 그리고 2009년 9월 민청학련 사건 관련자들에게 "내란죄로 인정할 증거가 없다"며 무죄를 선고했어. 이로써 30여 년간 박정희 정부에 의해 왜곡되었던 민주주의 운동이 공식적으로 제대로 된 가치를 인정받는 계기가 열리게 되었고, 그 피해자들에게는 국가에서 보상이 이뤄졌단다.

영만 그렇군요. 사건 당사자 개인으로 볼 때는 엄청난 일이겠네요. 간첩이었다가 민주인사로 인정받은 거니까요.

삼촌 그렇지. 그래서 우리는 어떤 경우에도 역사에 대해 항상 깨어 있어야 하는 거야. 조지 산타야나란 역사학자는 "과거를 기억하지 못하는 사람은 과거를 반복하기 마련이다"란 유명한 말을 남겼단다. 시대나 상황에 따라 역사는 반복되고 퇴보하기도 하는데 우리들은 어떤 역사를 써야 할지 늘 고민해야 한다는 거지.

영만 그러면 삼촌은 역사는 결국 좀 더 진보하고, 숨기거나 왜곡한 게 있더라도 결국 진실은 밝혀지게 된다고 믿으시나요?

삼촌 그것은 같은 시대를 살아가는 사람들의 역사의식과 의지와 실천 역량에 달려 있다고 생각해. 역사의식이 높아 왜곡되거나 숨겨진 역사를 받아들이지 않는 의지가 높으면 결국에 밝혀지지 않을까 싶다. 또 한 가지 중요한 건 역사관의 방향과 지향이 필요하다는 점이야. 즉, 지배자 혹은 권력을 기억하기보다는 민중들이 더 나은 삶을 살아가게 하는 방향이어야 하고 보편적인 인류의 생명과 삶이 좀 더 나아지는 즉, 인권이 확대되는 방향으로 역사를 진행시켜야 한다는 점을 이야기하고 싶구나.

영만 삼촌과 이야기를 나누다 보니, 역사에 대해 다시 한 번 생각해보게 되네요. 현재 어떤 상황과 해석이 있더라도 역사적 사실의 관점에서 보자. 그리고 지배 계급의 관점인지 민중의 관점인지, 인권이 확대되는 방향인지 점검해보자. 왜곡이나 숨김이 있다면 바로잡으려 노력하자.

삼촌 마지막으로 네게 과제를 주마. 오늘은 『소수의견』을 갖고 역사와 관련된 이야기를 해보았다. 이제 국정교과서와 위안부 할머니 문제에 대한 부분은 너희들의 몫이며 현재를 함께 살아가고 있는 우리들의 몫이니 함께 고민해보자. 위안부 할머니들과 관련해 일본은 명백한 증거가 없지 않느냐며 회피하고 있어. 언뜻 보면 실증주의 사관에 입각한 정당한 주장 같지만 증거가 없으면 사실조차 없다고 주장하는 교활한 행태야.

영만 그러게요. 저는 지금까지 일본이 그런 주장을 하고 있는지 몰랐어요. 정신 차리고 공부해야겠어요. 일본은 그렇다 치고 독일의 경우는 많이 다른 것 같던데요?

삼촌 그래, 전쟁 후 독일은 배상도 배상이거니와 현재까지도 기회가 있을 때마다 피해 당사국에 가서 참회하는 일을 진행하고 있으니 일본의 행태와는 대조적이지. 그런데 우리 사학자 가운데는 구한말에 일본 식민지가 되지 않았다면 서구 식민지가 되었을 것이고, 일제강점기는 우리나라가 근대화되는 데

78

많은 도움이 되었으며 식민통치도 그런대로 괜찮았다고 해석하는 사람들도 있단다. 영만이 넌 어떻게 생각하니?

영만 일제강점기가 우리나라 근대화에 도움이 되었다니. 일단 감정적으로 잘 받아들여지지 않아요. 그렇지만 체계적으로 설명하긴 어렵네요. 좀 더 관심을 갖고 공부해봐야겠어요.

삼촌 그래, 좋은 생각이다. 일제강점기는 이미 지난 과거이지만 우리는 다시금 따져봤으면 좋겠다. 삼촌이 보기에 수많은 인류를 고통 속에 빠뜨리고, 많은 생명을 앗아간 일들을 역사가 기억하려는 이유는 다시는 이 같은 비극을 반복하지 않기 위해서야. 그러니 이런 반인륜적 범죄행위에 대해 끝까지 철저히 물어야 하지 않을까?

정의의 길로 한 걸음 더!

위안부 할머니들께서는 지금도 매주 수요일에 일본 대사관 앞에서 집회를 열고 시위를 하신다. 그 분들은 한국 정부가 일본 정부와 합의한 내용에 대해 인정하지 않으신다. 그런데도 정부는 여생이 얼마 남지 않았으니 지금이라도 합의를 받아들여 보상을 받으라고 한다. 과연 어느 쪽이 옳은가? 나는 어떤 입장을 지지해야 할까?

나는 역사에 대해 관심을 갖게 되면서 일제강점기를 거치고 해방이 된 후, 일본에 협조하여 높은 위치에 올랐던 사람들, 이른바 친일을 한 사람들이 여전히 한국사회에서 지배 계층을 이루고 큰 영향력을 행사하고 있음을 새삼 알게 되었다. 우리가 단순히 "위안부 할머니 문제에 대해 두 가지 의견이 있으니 조금씩 양보해 절충해보자"라고 단순히 말할 수 없는 이유다.

문득 삼촌과 함께 읽은 『소수의견』이 아이러니하게 다가온다. 소수의견은 정말 소수의견일까? 오히려 실제로는 다수의견일 수 있지만 언론과 지배층에 의해 소수의견처럼 보일 수도 있겠다. 하지만 정말 중요한 건 내가 다수에 속하는지 혹은 소수에 속하는지를 아는 것보다 역사란 개인과 집단의 삶에 대해 "어떻게 살아야 하는가, 어떻게 살고 싶은가"를 묻는 것이며, 우리는 그 질문에 답해야 하는 것임을 자각하는 일 아닐까?

역사 교과서 국정화가 왜 문제인 걸까? 아마도 국정교과서가 되면 역사에 대한 다양하고 열린 해석을 허용하지 않기 때문이 아닐까? 역사에 대한 하나의 해석만이 옳으며 그것만이 우리의 역사라고 주장한다면 새롭게 해석되거나 현재의 관점에서 재해석할 여지를 없애버리는 일이지 않은가? 아마도 그래서 역사 교과서 국정화를 반대하는 목소리가 계속되는가 보다.

나는 계속해서 묻는다. 맛있는 식사만으로 하루하루 즐겁게 사는 게 인생의 전부가 아닐 텐데 무엇을 추구해야 할까? 의로움과 공평함은 인류가 오래도록 추구해오고 있는 가치 같다. 그러나 안타깝게도 불의가 지배하고, 공평함이 무너지는 경우를 많이 경험하는 것 같다. 그래도 또 한편으로는 불의에 항거하며 조금씩 정의의 길로 비틀거리며 나가기도 한다. 나는 어디에 힘을 보태며, 어디로 가고 싶은 걸까?

모든 예술의 궁극적인 목적은
인생에 살 만한 가치가 있음을 일깨워주는 것이다.

-헤세-

예술이란 무엇인가?

3

이토록 가슴이 뜨거워지는 순간

예술, 도대체 알 수 없어

눈까지 내려 연말의 분위기가 물씬 풍기는 12월 31일이다. 매년 마지막 날이면 외갓집 식구들이 모두 모여 저녁을 함께 보낸다. 집집마다 돌아가면서 하는데 올해의 장소는 우리 집, 콘셉트는 '하얀색'이란다. 식구들을 기다리는 무료한 시간을 달래느라 텔레비전을 켜놓았다. 화면은 온통 드레스와 턱시도를 차려입은 연예인들로 가득하다. 그들이 손을 흔들며 웃는 영상을 하이라이트랍시고 여러 곳에서 반복적으로 비춰주고 있다. 낡을 대로 낡은 티와 무릎 나온 트레이닝 바지를 입고 소파에 앉아 있는 내 모습과 상반된다. 저들에게는 오늘이 즐거운 행사이겠지만 나에게는 내년에는 어떻게든 뭔가 결정해야 된다는 압박 때문에 너무나 괴로운 하루이기만 하다. 할 수만 있다면 가는 해를 붙잡고 싶다. 저들 중에는 나와 동갑인 사람들도 있을 것이다. 다른 사람들은 다들 뭔가 자기가 하고 싶은 일, 혹은 잘하는 일을 잘도 찾은 것 같은데, 나는 도무지 어떤 걸 하고 살아야 할지 모르겠다. 성적도 중간, 특기도 그럭저럭, 외모도 중간, 심지어는 키도 중간 정도다.

'이렇게 살아도 되는 걸까. 아무 생각 없이.'

남들과 비교되는 내 모습에 심통이 나서 텔레비전을 보며 웃고 있는 동생의 등짝을 냅다 후려쳤다.

"야! 저런 것 보고 있지 말고 책이나 읽어! 저런 게 뭐가 좋다고 입을 헤 벌리고 웃냐? 도대체 요즘 청소년들은 예술을 몰라요, 예술을!"

왜 갑자기 신경질을 부리냐면서 투덜거리는 동생을 뒤로 하고 갈증을 달래기 위해 냉장고에서 탄산수를 꺼내 벌컥벌컥 마셨다. 톡 쏘는 탄산에 목이 따가워졌다. 엄마는 유행을 따라야 한다며 지난여름부터 집 냉장고에 생수 대신 탄산수를 채워넣었다. 도대체 왜 이게 유행하는 건지, 또 남들이 다 마신다고 우리도 먹어야 하는 이유가 무엇인지는 모르겠지만 엄마가 그러라고 하니까 그러는 거다.

사실 우리 가족들은 하나같이 개성이 강한 사람들뿐이다. 엄마만 해도 그렇다. 엄마는 그 시대에 어떤 것들이 유행하는지 언제나 정확하게 파악하고 있다. 어떤 경우에는 유행을 예측하기도 해서 주변 사람들에게 부러움을 받는다. 다수의 사람들을 만나는 직업을 가진 엄마는 유행에 민감한 것은 하나의 경쟁력이라면서 나에게도 유행을 강요한다. 수도 없이 많은 유행품들이 우리 집에 들어왔다가 유행에서 밀려나면서 쫓겨났다.

가끔은 이상해 보이는 우리 가족들이 요즘 마냥 부럽기만 하다. 그들의 삶에는 미래에 대한 그늘이 보이지 않기 때문이다. 무엇이든 잘하는 것이 있는 사람들, 분명히 나와는 다르다. 작년 말, 진지하게 삶을 고민해보겠노라 선포했더니 별나기로는 둘째가라면 서러울 이모가 "고민을 시작할 때는 책을 봐야지" 하면서 여러 권을 추천해주었다. 『달과 6펜스』, 『이스칸다르의 정원』, 『죽은 왕녀를 위한 파반느』 등등. 소감을 묻는 이모에게는 꾸역꾸역 읽었다고 투정을 부렸지만 실은 책을 읽으면서 몇 번이나 눈물이 나올 뻔했다. 이모는 언제부터 내가 예술 분야에 관심이 있다는 사실을 알고 있었던 걸까? 자신이 없어서 누구에게도 말하지 못했는데 말이다.

사실 대중매체에 열광하는 동생에게 핀잔을 주었던 것은 저렇게 종일 TV 앞에 앉아 있으면서도 공부를 잘하는 동생이 얄미워서이기도 하지만, 정말로 그들에게 예술에 대한 장인정신이 느껴지지 않기 때문이었다. 기존의 있는 것을 그대로 따라가

거나, 누가 만들어준 것을 복사기처럼 찍어내기만 하는 사람을 예술가라고 할 수 있을까? 그래서 대중매체가 문화, 특히 청소년 문화를 선도해나간다는 평가가 반갑지 않다. 그렇다면 예술은 어느 정도까지의 역할을 수행해야 하는 것일까? 지금 같은 대중문화도 예술이라고 할 수 있을까? 어떤 사람이 예술가가 될 수 있을까? 예술이란 도대체 무엇일까?

달과 6펜스

『달과 6펜스』
초판(1919) 표지

『달과 6펜스』[13]는 프랑스의 후기 인상파 화가 폴 고갱의 생애에서 영감을 받은 소설로 작가는 서머싯 몸이다. 소설가인 화자가 주인공 스트릭랜드의 부인 부탁으로 스트릭랜드를 만나러 가는 장면에서부터 이야기가 시작된다. 화자는 사교 모임에서 만난 스트릭랜드 부인의 다정함과 여성스러움을 칭찬하고 17년이나 같이 산 아내와 자식을 버린 스트릭랜드의 행동을 힐난한다. 화자는 스트릭랜드를 다시 영국으로 데려 오기 위해 파리로 떠난다. 그러나 그가 상상하는 것만큼 좋은 곳에서 살고 있지 않으며, 심지어 여성과의 밀애를 위해 떠난 것이 아니라는 사실을 알게 된다. 단지 그림을 그리고 싶어서 일상을 버리고 떠났다는 그의 말에 화자는 깜짝 놀란다. 이미 있는 것을 유지하고 정착하고 싶은 나이, 즉 이미 청춘을 모두 보내버린 사람이라고 생각했기 때문이었다. 새로운 것에 도전하기에는 너무 늦은 나이라는

---

13 서머싯 몸이 1919년 발표한 소설.

사실을 다시 한 번 주지시키고 원래의 장소로 돌아가기를 제안하는 화자에게 스트릭랜드는 자신이 그럴 수밖에 없음을 털어놓는다. 스트릭랜드의 말과 눈빛에서 그의 선택이 강렬한 의지에서 비롯된 것임을 깨닫고, 화자 홀로 런던으로 돌아간다.

5년 후 런던의 삶이 따분해진 화자는 파리에서 살기로 마음먹고 영국을 떠난다. 2주간의 파리 생활을 보낸 후 무료해질쯤 지인인 네덜란드인 화가 더크 스트로브를 찾아간다. 그리고 그를 통해 우연히 스트릭랜드와 다시 조우하게 된다. 5년 전보다 더 늙고 가난해 보였지만 눈빛이 살아 있고 삶을 충분히 즐기는 그에게 존경심과 두려움을 느낀다. 반면 순하고 다소 우스꽝스러운 모습으로 묘사되고 있는 더크 스트로브는 그림에 대한 재능은 없었지만, 예술 작품을 알아볼 수 있는 안목을 가지고 있었다. 더크 스트로브는 스트릭랜드의 천재성을 가장 먼저 알아차린 사람으로 그의 그림에 대해 엄청난 경의를 표현하고 있었다. 심지어 스트릭랜드가 열병으로 괴로워할 때 아내의 반대에도 불구하고 자신의 집에서 간호하기도 했다. 그 과정에서 스트릭랜드가 스트로브의 아내를 가로채지만 결국 스트로브의 아내는 그림에 대한 열정만 존재하는 스트릭랜드의 이기주의와 매정함을 원망하며 음독자살을 한다.

이후 스트릭랜드와의 연결 고리가 없었던 화자가 우연히 타히티 여행을 가게 되면서 그의 삶과 다시 만나게 된다. 잘 곳도 먹을 것도 없이 한없이 가난한 삶을 살아가면서 오직 광기만을 가지고 살던 그가 자기 영혼의 고향을 발견한 사람처럼 타히티 섬에 동화되었다는 것이다. 스트릭랜드는 원주민 여자인 아타를 아내로 삼아 오롯이 예술에 몰두한다. 아무도 구매하지 않는 그림을 미친 듯이 그리던 그는 나병에 걸리고, 결국 눈까지 멀고 만다. 마지막까지 그는 보이지 않는 눈으로도 언어로는 설명할 수 없는 불가사의한 아름다운 벽화를 그린다. 그리고 죽음에 이르러 벽화와 함께 자신도 불태운다.

예술은 우리를 해방시켜줄까?

예술과 아름다움은 친구 사이?

할머니 아유! 날이 춥구나. 따뜻한 물 한잔 다오. 에구머니나, 저게 다 뭐니? 옷을 저렇게 입고?

민경 아! 할머니 문화센터 다녀오셨어요? 저 사람들 너무 춥겠죠?

할머니 아니, 왜 저렇게 짧은 치마를 입고 춤을 추느냐 말이야. 저거 봐라. 속바지가 다 보이잖니! 정말 흉하구나.

민경 할머니. 요즘은 다 저렇게 입어요. 좀 짧아서 불편하지만 예쁘잖아요!

할머니 그런 소리 말아라. 예쁘다니! 아름다움이란 말이야. 그 자체로 아름답다고 느껴지는 것이어야 해. 도대체 저런 옷차림 어디가 아름답다는 거니? 젊음 그 자체가 가진 싱그러움이 있으니 그것만을 표현해도 좋으련만. 쯧쯧.

이모 엄마! 뭘 모르면 가만히 계셔요. 요즘 저런 것이 트렌드라우. 누가 엄마처럼 시를 읽고 쓰겠어요? 요즘 젊은 사람들은 자신의 몸을 드러내는 것을 이상하다고 생각하지 않아요. 문화라고 생각하지.

할머니 저런 퇴폐적인 가사와 춤사위가 예술이고 문화라니! 가당키
나 한 말이니? 예술이란 아름다움을 표현하고 의미와 시대를
담고 있어야 해. 시를 봐도 그렇지. 너는 작은 새싹이 얼마나
많은 울림을 주는지 모를 거다. 푸르기 때문에 청명하고, 아름
다우면서도 슬프지. 더욱이 요즘과 같이 시를 읊지 않는 시대
라면 더욱 예술이 제 역할을 해야만 해.

민경 에엑? 할머니! 그 말을 들으니까 어쩐지 예술이 뭔가 재미없
는 도덕책 같은 느낌이 들어요. 하물며 예술인데!

이모 그렇지! 역시! 내 조카! 그럼 말이야. 너는 무엇이 예술이라고
생각해?

민경 예술이요? 그거야, 뭐… 예쁘면서도 그렇다고 예쁘기만 해서
도 안 되지만, 또 의미만 담고 있다고 되는 것도 아니고. 그러
니까… 요즘에는 다양한 생각을 가진 사람도 많고, 심지어 아
름답다고 생각하는 것도 각양각색이니 예술이 뭐라고 딱 정
의내릴 수는 없는 것 같아요.

이모 으하하 그게 뭐야. 할머니보다 더 심하네! 너는 예술품을 바
라볼 수 있는 눈조차 없잖아! 적어도 예술이 뭔지에 대해서
말을 하고 싶다면 멋진 작품을 창작하지는 못해도 무엇이 제
대로 된 작품인지 알아보는 눈은 있어야. 한없이 멍청했지
만 눈 하나는 확실했던 더크 스트로브처럼 말이지.

민경 이모는 뭐 그런 눈이 있어요? 괜히 핀잔이나 주고! 뜬금없이
더크 스트로브라니!

이모   왜 아니야? 그는 머리끝까지 화가 난 순간에도 예술품을 알아
　　　보는 사람이잖아. 부인과 바람이 난 남자의 작품을 찢어버리
　　　려고 그림 주걱을 가지고 갔다가 오히려 경외심을 느끼는….

민경   쳇, 『달과 6펜스』에 나오는 그 뚱뚱보요?

이모   책을 허투루 읽지는 않았네. 그는 형편없는 기술을 가진 평범
　　　한 화가에 불과했지만, 예술 작품을 분명히 볼 수 있는 눈을
　　　가졌어. 화자의 표현에 따르면 옛 대가들의 작품도 제대로 볼
　　　줄 알았고 좋은 작품을 대할 땐 칭찬도 아끼지 않았잖아. 그
　　　렇기에 자신의 부인을 빼앗아간 스트릭랜드의 그림을 자신이
　　　찢어버리려고 했다는 점 때문에 괴로워했고. 그렇게 심한 행
　　　동을 했는데도 말이야.

민경   저도 그 장면이 인상적이었어요. '그렇게 화가 나는 순간에도
　　　그럴 수가 있나?' 하고요. 도대체 어떤 그림인지 궁금해서 검
　　　색해보다가 이 책이 고갱을 모티브로 삼았다는 사실을 알게
　　　되었어요. 그래서 고갱 그림을 찾아봤어요. 물론 소설 속 주
　　　인공과는 분명히 다른 사람이겠지만, 만약에 실제 고갱이라고
　　　하더라도 저는 그 그림들을 보고 멋지다고 하지는 못할 것 같
　　　아요. 색채가 원색이면서도 어둡고…. 아무튼 제가 보기엔 좀
　　　기괴했어요.

이모   하하. 좀 그렇지. 고갱의 그림에는 철학적 이야기가 많이 담
　　　겨 있으니까. 알면 알수록 보이는 게 더 많거든. 게다가 고갱
　　　과 스트릭랜드는 무척 다른 사람이라고 하기도 해. 그렇지만
　　　책에서 묘사한 대로 기이하면서도 관능적이고 또 공포스러우

나랑 언제 결혼할 거예요?
폴 고갱, 1892.

자화상
폴 고갱, 1889~1890.

면서도 감동적인 것이 고갱의 그림을 말해주는 적절한 표현인 건 맞아. 어쨌든 소설 속 화자를 포함한 많은 사람들이 너와 같은 평가를 내렸어. 후대에 그의 그림이 유명해졌을 때에도 "그림을 처음 보았을 때 느꼈던 실망감이나 당혹감을 떨쳐버릴 수 없었다"는 화자의 고백처럼 말이야.

민경   맞아요. 심지어 그의 그림은 어느 그림 하나 사고 싶은 생각이 안 든다고도 했죠.

이모   그런데 말이야. 화자가 스스로 말했던 것처럼 그의 예술이 마음에 들지 않을 수는 있어도 그의 예술이 우리의 관심을 끈다는 사실은 아무도 부인하지 못할 거야.

민경   맞아요. 저도 한참 바라보긴 했어요. 이모, 갑자기 궁금한 게 생겼어요. 처음에는 스트릭랜드의 그림을 보고 아무도 그 그림이 멋있다고 생각하지 않잖아요. 더크 스트로브만 빼고요. 그런데 시간이 지나면서 스트릭랜드의 그림이 엄청난 예술작품으로 평가되잖아요?

이모   스트릭랜드가 위대한 화가가 되었던 건 결과적으로 볼 때 모리스 위레라는 비평가 덕분이었어. 스트릭랜드가 죽고 난 다음에 적었던 한 편의 글이 무명의 화가를 유명인으로 만들어주었지. 그게 가능했던 건 그가 오랫동안 확고한 권위를 가지고 있었기 때문이야. 그러니까 다른 비평가들이 별 반대 없이 그 뒤를 따랐던 거고. 그 부분은 실제 고갱의 삶과도 무척 유사한 부분이 있어. 『달과 6펜스』의 작가인 서머싯 몸이 책을 저술하기 1년 전에 고갱의 회고전에 우연히 찾아갔다가 고갱의 그림과 삶을 알게 되었다고 하거든. 원래는 별로 유명하지 않던 고갱이었는데 책을 통해 신화화되면서 작품이 널리 알려졌다고도 해. 몸이 이 소설을 쓸 때는 그렇게 될 것이라고 예상하지는 않았겠지만 이렇게라도 고갱의 그림이 널리 알려지기를 바랐던 게 아닐까? 몸이 그때 그 회고전에서 샀던 그림이 이후에 엄청나게 비싸졌다고 하니 어쩌면 죽은 고갱이 그런 방식으로라도 감사 인사를 전한 것인지도 몰라.

민경 야! 그렇군요. 그럼 진짜 예술을 바라보는 기준이 있는 걸까요? 또 사고 싶지도 않은 그림을 예술적이라고 해서 아름답다고 평가하는 게 괜찮은 걸까요?

이모 좋아. 본격적으로 예술과 아름다움에 대해서 이야기해보자.

아름다움에 기준이 있을까?

이모 혹시 '황금률'이라는 단어를 들어본 적 있어?

민경 그럼요. 미술시간에 건축 수업을 듣다가 알게 되었죠. 1:1.618 비율로 만들어진 작품들이 많은데, 레오나르도 다빈치의 「모나리자」도 황금비율이라고 했고, 지금도 액자라든가 종이 모양이라든가 여러 사각형에서 황금비율을 찾을 수 있다고 선생님이 그러셨어요. 그 자체로 아름다움을 느끼는 모양들이 있다고요.

이모 역시 관심이 많은 분야는 열심히 듣는구나! 15세기 수도사이자 기하학자였던 루카 파촐리가 '신성한 비례'라고 이름 붙인 것으로도 유명하지. 그는 나중에 유명한 화가였던 다빈치를 가르치기도 했다니까 기하학과 예술의 깊은 연관성도 찾아볼 수 있을 거야. 남아 있는 석상에도 그런 것들이 참 많거든. 가장 유명한 이야기로는 페이디아스와 아르키메데스의 아테나 여신상에 관한 것이 있어. 황금비율을 중요하게 여겼던 페이디아스는 조각의 위치에 따른 시각적 효과를 계산하여, 여신의 얼굴 특징들을 과장해서 조각을 했대. 물론 조각하는 모습을 지켜보았던 많은 아테나 인들이 신성모독이라면서 그를 돌로 쳐 죽이려고 했지. 그렇지만 막상 조각을 올려놓자 그가 왜 그렇게 조각했는지 단번에 알 수 있었다고 해. 왜일까? 힌트는 이 조각상은 무척 크다는 것!

민경 조각상이 크다고요? 아! 머리를 높이 올려놓으면 상대적으로 작아 보이니까 오히려 제대로 보였겠네요!

이모 그렇지.

파르테논 신전은 흔히
황금비를 구현한 건축물로 평가된다.

할머니 잠깐만, 잠깐만! 지난 수업 시간에 아우구스티누스가 했다던 말을 적어뒀는데…. 가만히 있어봐라, 여기 있네. "이성은 눈의 영역으로 방향을 돌려 땅과 전체적으로 파악하면서 자신의 미 외에는 다른 것을 사랑하지 않음을 깨닫고, 미 안에 있는 형상, 형상 안에 있는 비례, 비례 안에 있는 수를 사랑함을 깨닫게 된다." 그 양반은 보는 사람의 관점에서 비례를 본 것이로구나.

이모 그렇다고 할 수 있죠.

민경 보는 사람의 입장을 생각한 조각품이라니 정말 멋져요. 그런데 만약에 그게 진짜라면 스트릭랜드의 그림이 나중에 사랑을 받게 되는 과정이 이해되지 않아요. 만약에 뭔가 정해진 황금률이 있었다고 한다면 더 많은 사람들이 진즉에 그 작품을 아름답다고 생각해야 되잖아요.

인체의 황금비율
중세 최대의 마술사로 일컬어지는
하인리히 코르넬리우스 아그리파의 드로잉이다.

**페이디아스의
아테나 상**

시대가 달라진다고 해서 가치가 달라지는 것도 아닐 테고요.

이모 훌륭한데! 대단한 발견이야!!

민경 진짜요?

이모 진짜! 하지만 조금 늦은 감이 있구나. 하하!! 영국의 정치인이자 정치철학자였던 에드먼드 버크가 이미 오래전에 아름다움을 바라보는 비례라는 기준에 대해서 반박해버렸거든. 우리가 비례의 절대성에 대해서 커다란 착각을 하고 있다는 것을 식물과 동물의 예시를 들며 주장했지. 그 예를 가지고 두 사람에게 질문을 던져볼까? 엄마, 너무나 당연하겠지만 장미는 아름다울까요?

할머니 "너의 모습 변함없이 두 눈이 시리도록 매혹적인 것은, 언제든 가시를 곧추 세우고 아닌 것에 맞설 용기가 있기 때문"이라는 시가 있단다. 고고한 장미의 모습이 떠오르지 않니?

이모 아이고~ 괜한 걸 물었어. 민경이 너는 어때? 백조는 아름다워?

민경 백조라고 하면 미운오리새끼 이야기밖에 떠오르지 않기는 하지만, 보통 아름답다고들 하죠.

이모 도대체 왜 아름답다고 느끼는 것일까? 버크는 "장미의 가느다란 줄기가 그것이 떠받치고 있는 덩치 큰 꽃과 잘 어울리는가?", "아름다운 새로 알려져 있는 백조는 몸의 나머지 부분들에 비해 너무 긴 목을 갖고 있는 반면 꼬리는 무척 짧다. 과연 이것을 아름다운 비례라고 할 수 있을까?"라고 질문을 던졌어. 그러니까 우리가 아름답다고 생각하는 많은 자연물들이 사실은 비례가 맞지 않는 경우가 많다는 사실을 지적하면서 비례를 향한 무분별한 신뢰를 무너뜨리려 했지.

민경 비례도 아니라면 무엇을 아름답다고 말할 수 있을까요?

이모 글쎄, 그에 대한 대답은 **칸트**의 주장 중의 하나로 대신할게. "미란 개념을 떠나서 보편적으로 만족을 주는 것이다."

민경 으악! 더 복잡해!

예술은 환상인가?

이모 이런 질문들을 따라가다 보면 도대체 어디까지가 예술일까? 하는 질문을 하지 않을 수가 없어.

할머니 그 말이 나왔으니 말인데, 요즘 내가 문화센터를 같이 다니는 이들과 함께 시상을 얻기 위해서 이곳저곳을 다니고 있는 거 알지? 음악을 들으러 가기도 하고, 꽃을 보러 다니기도 하고. 그런데 지난주에 갔던 미술관에 말이야, 아주 기가 막힌 것이 있더구나.

민경 그게 뭔데요?

할머니 캔 몇 개가 그냥 무더기로 쌓여 있었어. 날짜와 무게가 적혀 있고 말이야.

이모 으하하. 엄마, 그게 뭔지 아셨어요?

할머니 알 턱이 있나. 그냥 캔을 쌓아놓는 것이 무슨 예술품이냐며 회원들과 혀만 끌끌 차다가 돌아왔지. 비싼 돈을 주고 무슨 외국 작품을 빌려왔다는데.

이모 알면 더 놀라실 텐데. 그게 그 유명한 「예술가의 똥」이라는 작품이에요. 만초니라는 예술가가 자신이 생산해낸 똥을 캔에 담고 날짜와 무게를 적어둔 것으로 유명하지요.

민경 으익! 그게 뭐예요! 도대체 누가 그걸 비싼 돈을 주고 빌려온 거예요? 그런 가치도 없는 것을!

이모 가치가 없다라…. 좋아, 먼저 무엇이 예술품인지부터 생각해 볼까? 이런 딜레마에 너는 어떤 답변을 할지 생각해봐. 엄마도요. 우리가 어느 전시회에 소속되어 있는 큐레이터라고 가정하는 거야. 유수의 작가들과 직접 계약을 맺어서 전시하고 있지. 그들과 독점계약을 할 수 있는 이유는 유명하지 않지만 가치가 있는 작품들을 최초로 발견해서 전시했던 경력 때문이야. 그렇기 때문에 작가들은 우리를 믿고 작품을 내놓지. A씨도 그런 작가 중 한 명이야. 그는 아름다운 조각품을 만들어내는 것으로 유명해. 모두들 그의 조각품을 보며 탄성을 지르곤 했지. 그런데 갑자기 A씨가 사고로 죽어버렸어. 아무런 준비도 없이 말이야. 우리가 마지막 전시회를 열기 위해서 그의 작업장을 찾았을 때 너무나도 아름다운 조각품 하나를 발견했어. 아직 제목도 정해지지 않은 작품이지만 그 아름다움에 반해 그의 전시회의 가장 가운데에 전시했어. 그런데 알고 보니 그 조각품이 사실은 자연물 상태 그대로의 돌이라는 거야. 그렇다면 이 전시는 어떻게 해야 할까?

할머니 그 사람의 작품이 아니니까 당연히 전시회에서 빼야겠지. 창작품이 아니잖아? 누군가가 무엇인가에 의미를 부여하는 과정에서 작품이 만들어지는 게 아니냐. 똑같은 사물을 보고서도 누가 말하느냐에 따라 달라지기도 하고. 아까 나온 장미를 예로 들자면 장미 그 자체가 아름답기는 하지만 예술품은 아니잖니. 그것이 시나 그림으로 표현되는 순간 예술이 되는 게 아니야?

민경   그런데 분명히 작가는 아름답다고 느꼈잖아요. 아름다움을 표현하는 것이 예술이고요. 그 작가도 그 돌이 더 이상 손댈 나위 없이 아름다운 것이라고 생각하지 않았을까요? 꼭 그런 게 아니어도 우리가 폭포수를 보거나, 해질녘의 노을을 보거나, 시골 밤하늘에 떠 있는 별들을 보고도 예술 작품이라고 말하는 것처럼 자연 그 자체가 예술품이 될 수도 있잖아요? 있는 그대로의 아름다움을 찾을 수 있는 것도 예술품을 만드는 작가의 능력이죠.

이모   "작가의 손을 거쳐야 한다"와 "자연 그대로도 예술품이 된다"는 의견이군요.

민경   어느 쪽이 정답이에요?

이모   어느 쪽이 정답이라고 단언할 수는 없지만 적어도 스트로브는 할머니의 손을 들어줄 것 같구나. 그는 아름다움이 해변의 조약돌처럼 그냥 버려져 있지 않다고 생각했거든. 아름다움이란 예술가가 온갖 영혼의 고통을 겪어가면서 이 세상의 혼돈에서 만들어내는 경이롭고 신비한 것이라고 말했지.

민경   그러니까 뭔가 고통을 경험하고 나서야 작품이 만들어진다는 의미인가요?

이모 그렇지. 심지어 그것을 알아보기 위해서는 관람자도 예술가가 겪은 과정을 똑같이 겪어보아야만 한대. 예술가가 들려주는 건 하나의 멜로디인데, 그것을 우리가 제대로 들으려면 지식과 감수성과 상상력을 가지고 있어야 한다는 거지.

민경 그러니까 정리하자면 어떤 예술 작품도 의미를 담고 있지 않은 것이 없다는 거고, 그 작품이 가치를 가지려면 관람자의 노력도 필요하다는 거로군요. 이모, 도대체 예술과 아름다움이 연관이 있긴 한 건가요? 예술품 속에서 아름다움을 발견할 수 있긴 할까요? 꼭 예술품이 아름다워야 하는 것은 아니라는 생각이 들어서요.

이모 스트릭랜드는 아름다움을 끝까지 표현하려 했어. 그림으로. 어떤 사람은 인생으로 아름다움을 표현하기도 하고, 어떤 사람은 글로 표현하기도 했다고 하면서. 그 말이 진짜인지 보려면 아름다움과 예술에 대해서 말했던 **플라톤**과 **아리스토텔레스**의 입장을 비교해보면서 생각을 키우는 게 좋겠네. 고대 철학자였던 플라톤은 사실 예술가를 별로 좋아하지 않았어. 좋아하지 않는 것을 넘어서 심지어 『국가』라는 책을 통해 예술가와 예술품에 대한 비판을 드러냈지. 왜냐하면 예술가는 실재(實在)하지 않는 것을 만든다고 생각했거든.

민경 네? 예술품은 눈에 보이는 거잖아요. 어떤 점에서 존재하지 않는다고 생각한 것이지요?

이모 그 눈에 보이는 것조차 감각적이기만 한 환영이라고 생각한 거야. 왜 플라톤이 그런 이야기를 했는지 알려면 플라톤의 철학을 어느 정도 이해하고 있어야 해. 플라톤은 우리가 살고 있는 현실계에서부터 벗어나서 참 진리의 세계인 이데아계로 나아가야 한다고 주장했어. 그러니까 우리가 아름다움의 원래의 모습을 찾기 위해서는 예술품이라는 것은 전혀 불필요하다고 본 거야. 화자가 스트로브의 그림에 대해서 설명할 때에도 그것은 비루한 현실에 대항하는 '이상(理想)'이라고 표현한 적이 있잖아? 실제로는 그렇지 않지만, 그림 같은 유적이 가득한 곳으로 이탈리아를 표현하거나 추운 지방에 사는 사람들을 위해 따뜻한 햇살이 비춰지는 그림을 그리는 것처럼 말이야. 그리고 많은 사람들은 실제가 아닌 것을 진짜인 것처럼 상상하고 그림을 구매하지.

민경 그것이 진짜를 표현하지 못한다고 본 거예요? 예술품이 진짜 아름다움을 표현하는 것이 아니라고요?

이모 그렇지. 결국 그건 가짜니까.

민경 플라톤의 주장에 따르면, 우리가 살고 있는 이곳은 다 거짓된 세계인가요? 예술품은 아니더라도 우리의 세계도 무언가 물건으로 이루어진 세상이잖아요.

이모 맞아. 플라톤은 그것을 이해시키기 위해 동굴의 비유를 예시로 들었어. 어떤 죄수들이 동굴 안 벽면만을 바라보도록 묶여 있는 상황을 만들어내는 거야. 그들은 그림자를 통해 벽에 비춰지는 것만을 진짜로 알고 사는 거지. 우연히 쇠사슬이 풀려 동굴 밖으로 나간 뒤에야 비로소 진실한 모습이 무엇인지 알

플라톤의 동굴 비유를 묘사한 그림, 얀 산레담, 1604

게 된다고 해. 그러나 누구나 그 진실에 대해서 알게 되는 것
은 아니야. 어떤 사람은 너무나도 밝은 빛, 그러니까 참된 진
리에 눈이 멀어버린다고 하거든. 또 어떤 사람은 두려워서 동
굴 밖으로 나가지 않으려 하고. 그러니 예술은 우매한 자들의
환상이라는 것이지.

민경　그렇지만 보통 예술가들이 작품을 만든다는 건 사실 자연을
모방하는 것에서부터 시작하잖아요. 그게 분명 원래 자연이
아니기는 하지만, 그 자연의 다른 창작물이 될 수는 있는 거
아니에요? 그리고 그 예술품을 보면서 "아! 이게 아름다운 거
구나!" 할 수도 있고요. 그러니까 예술가는 결국 아름다움을
추구한다는 뜻이지요!

이모　아리스토텔레스라면 네 입장을 이해할 거야. 그는 인간은 모
든 동물처럼 모방 본능을 갖고 있으며 가장 모방을 잘하는
동물이기도 하다고 말했지. 예술은 인간의 특별한 현상이라고

말이야. 작가는 글로써 사람과 사회를 그리고, 화가는 그림으로 표현하고, 또 아까 텔레비전에서 보았던 것처럼 가수들은 노래를 통해서 드러내는 거지. 무엇인가 소재가 있기 때문에 작품으로 완성되는 것이고, 모방으로 시작한 것이 각자의 의지대로 창작되는 것으로 흘러간다고 말이야. 아리스토텔레스에게 예술이란 표현되고 있는 장면이 아니었어. 예술가 안에 원칙으로 들어가 있는 거였지.

민경 아! 정말 복잡하네요. 저는 아직은 눈에 보이지 않는 세계에 대해서는 잘 몰라서 현재로선 아리스토텔레스의 말을 더 지지할 수밖에 없겠어요. 다만 예술 작품은 예술가의 가치가 들어가는 것이어야 비로소 완성되는 것이라는 확신은 들어요.

예술가는 괴짜만 될 수 있을까?

민경 그러고 보면 스트릭랜드는 자신의 그림에 남들이 보내는 악평에도 기가 죽은 기색이 조금도 없었던 것 같아요. 남들의 평에는 전혀 신경을 쓰지 않는 것처럼 보일 정도로요. 그의 모든 작품이 아름다웠다고 할 수는 없겠지만, 아름다움을 향해 노력했다는 점은 분명해요. 다른 사람의 시선에 신경 쓰지 않을 각오가 되어 있어야만 좋은 작품이 나오는 걸까요?

이모 어쩌면 스트릭랜드와 스트로브의 작품이 각기 달랐던 것에서 예술가가 나아가야 할 길을 찾을 수도 있을 것 같아. 두 사람이 동시대를 살고 있음에도 불구하고 사회를 보는 눈은 참 달랐어. 사회에 대한 깊은 고민 없이 그저 주변인들과 평온하고 온정적인 관계를 유지하면서 때로는 자신의 그림이 어떻게 해석되는지 알면서도 그 해석조차도 편하게 받아들였던 스트로브와는 달리 스트릭랜드는 그 시기에 보였던 예술을 향유하는 사람들의 속물적인 근성에 강한 저항감을 가지고 있었거든. 그렇기 때문에 사회 상황을 담아내면서도 소비되지 않는 본질적인 아름다움을 찾고 싶었던 것이지. 그래서 다른 사람의 시선에도 전혀 신경 쓰지 않은 거고.

할머니 인정받고 싶은 욕망은 인간의 가장 뿌리 깊은 본능인데 그 사람, 참 대단하구나. 도대체 그 시대는 어떤 시대였던 게냐?

이모 소설 속의 상황을 정확히 추정하긴 힘들지만 고갱이 살았던 19세기~20세기의 시대 배경과도 연관이 있겠지요. 18세기만 해도 로코코시대라고 불리는 왕정 중심의 예술이 성행했거든요. 예술을 향유하는 계층이 귀족 중심이었기 때문에 당시 예술은 굉장히 화려했어요. 그러다 19세기 산업혁명 이후 드디어 예술이 궁중 소속에서 벗어나기 시작해요. 음악이고 미술이고 다 마찬가지였죠. 특히 산업혁명은 장인 기술의 전통을 무너뜨렸고, 그것이 결국엔 예술을 빙자한 값싸고 조잡한 상품을 생산하여 일반 대중의 취향 수준을 하락시키는 데 일조했다고 보는 학자들이 많아요. 미술가들도 대중의 요구에 부합하는 부류와 스스로 선택한 고립을 자랑스러워하는 부류로 나누어지고요. 마치 스트릭랜드와 스트로브처럼요.

민경 그냥 팔릴 만한 그림을 그리는 게 더 쉽잖아요. 현재도 많은 대중예술이 그렇고요. 그런데 스트릭랜드는 왜 그렇게까지 했을까요?

이모 그건 개개인의 삶이 무척이나 피폐해졌기 때문이야. 전쟁과 과학기술의 발달로 인간 소외가 빈번히 일어나는 삶을 어떻게든 버텨내야만 했으니까. 그렇기에 마냥 아름답기만 한 그림을 그릴 수는 없었던 게 아닐까? 다른 사람들에게 괴짜로만 비춰지고 사랑 받지 못해도 말이야. 스트릭랜드의 마지막 생을 지켜보았던 닥터 쿠트라 씨가 가지고 있던 그림을 묘사했던 장면에서도 그가 어떤 그림을 그렸는지 알 수 있어. '외설스러운 정물화'라고 표현되고 있는 이 그림은 썩은 날고기처럼 섬뜩하면서도 한편으로는 **엘라가발루스**가 통치하던 로마 제국의 기억을 떠올리게 하는 뜨거운 관능의 열정을 표현하고 있었지. 화자는 그 그림이 이 세상 만물의 형상이 영원히 고정되기 전, 어두웠던 창세의 시대에 창조된 것처럼 보인다고 말했어. 그래서 두려움을 느꼈다고 했지.

민경   이모 말씀은 작가가 스트릭랜드를 괴짜로 그려내고 있는 것
은 뜨거운 가슴으로 예술에 대해 고민했던 그 사람을 있는
그대로 표현하고 싶었기 때문이라는 말씀인가요? 당시의 삶
을 이겨내기 위해서?

이모   나는 그렇다고 봐. 그러니까 모든 예술가가 광기가 있고, 이상
한 사람이어야 하는 것은 아니라는 거지. 다만, 아름다움만을
말하는 탐미주의자들이 가진 한계가 있음을, 그리고 예술 역
시도 시대상을 반영하고 있어야 하는 것임을 말하고 싶었던
거라고 생각해. 할머니가 보고 오셨다는 「예술가의 똥」이 그토
록 유명해진 것은 현대인의 소비에 대한 관념을 통렬하게 비
판하고 있기 때문이거든.

예술 가치는 소유될 수 있을까?

민경   만초니가 유명한 예술가였기 때문에 그 똥도 가치가 있게 된
건 아니고요?

이모   이런 말이 있지. "일단 유명해져라, 그렇다면 사람들은 당신이
똥을 싸도 박수쳐줄 것이다!" 하하. 「예술가의 똥」이라는 작품
에 어떻게 가치가 생긴 거냐고 물었지?

민경   네. 누가 그런 것을 가치 있다고 생각해서 돈을 주고 사나요?

이모   예술품은 관람자의 노력 외에 다른 것들이 영향을 주는 경우

도 많아. 소유하는 방식으로 말이야. 할머니도 좋아하는 시집이 나오면 가장 먼저 사다놓잖아. 너희 엄마도 온갖 미술관 도록을 사고 말이야. 실제로 너희 엄마는 책장에 꽂아놓기만 하고 다시는 들쳐보지도 않지만. 쉿! 너희 엄마에겐 비밀이다! 어쨌든 그런 방식으로 예술 작품을 소유하는 거야. 마지막에 『달과 6펜스』의 화자가 스트릭랜드의 부인에게 그를 만났던 이야기를 하고 싶어서 뒤늦게나마 찾아갔던 장면 기억나니?

민경 아, 이모가 하시려는 말이 무슨 소리인지 알겠어요. 그토록 그림 그리기를 반대했던 그녀의 집에 스트릭랜드의 유명 작품들이 걸려 있었죠. 그것도 복제한 그림들로요. 그가 훌륭한 예술가인 것을 알았을 때는 이미 가격이 너무 비싸서 살 수가 없었으니까요. 그렇게라도 작품을 가지고 싶었던 거예요.

할머니 에구머니나, 남부끄럽게 도대체 무슨 짓이냐? 가짜를 걸어놓았으면서도 행복했을까?

이모 그러게나 말이에요. 민경이는 기억하는지 모르겠지만 집에 걸려있었던 그림은 「성(聖)가족」이라는 작품이라고 해요. 어떤 허름한 집과 모자(母子)가 그려져 있는 그림이지요. 화자는 그 그림을 보고서 인물들의 배경에 있는 것이 타라바오 너머에 있는 스트릭랜드의 집이고, 그림 속의 모자는 아타와 그녀의 첫 아들일지도 모른다고 생각해요. 가짜여서 문제가 아니라 스트릭랜드의 부인은 그 그림이 내포하는 의미도 전혀 모른 채 소유에 욕심을 빼앗겨 그저 걸어두고 있었던 것을 비웃고 있었다고 봐요.

민경 그러고 보면 스트릭랜드 부인에 대한 묘사는 예술을 소비하는 사람으로 그려지는 경우가 많아요. '오찬회를 잘 여는 사람', '유명 작가들을 자신의 집으로 초대하고 도와주고 싶어 하고, 예술계의 사람들과 어울리고 싶어 했다'… 이런 표현들로 그녀를 설명하고 있지요. 예술에 대한 진정한 감각이 있다기보다 자신에게 그런 재능이 없으니 재능이 있는 사람을 가까이에 두며 자랑하고 싶어 하는 모습으로 말이에요.

이모 맞아. 화자가 비꼬듯 "저 그림들을 걸어놓고 사시니 무척 행복하시겠네요"라고 묻는데도 눈치 채지 못하고 "그래요. 장식으로는 그만이에요"라고 대답하잖아. 그러니까 그 사람에게는 그림이 예술의 혼이 담겨 있는 걸작이 아니라 단지 남들에게 자랑하고 싶은 하나의 사치품에 불과했던 거지. 보석이나 옷 등으로 치장하는 다른 여자와는 다른 고상하고 우아한 여성으로 보이고 싶어 했지만 결국 그녀도 그녀가 멸시했던 다른 사람들과 똑같은 부류의 인간이었어.

민경 그래서 스트릭랜드가 자기 부인에게 솔직하게 그림을 그린다고 말하지 못했던 게 아닐까요? 이미 부인과의 생활 속에서 혹은 참석했던 여러 파티에서 깨닫게 되었던 거죠. 좋은 옷을 입고 가식적인 웃음을 지으며 있었던 그때 말이에요. 처음에 부인이 그러잖아요. 그에게 무슨 재능이 있다면 제일 먼저 격려해줄 사람은 자기라고요, 희생도 감수했을 거라면서. 이건 예술에 대한 부인의 동경심과 허영심을 동시에 보여주는 장면이라는 걸 이제야 알겠어요. 반면 예술에 집중하게 만들었던

두 번째 부인 아타와는 함께 살 수 있었던 거죠. 아타는 그 모습 그대로를 인정하는 사람이었으니까요.

할머니 유명한 작가라면 두 손 두 발 들고 그냥 쫓아다니는 사람은 지금도 참 많단다. 유명한 작가가 책을 내면 그 내용에 상관없이 구매를 결정하는 경우도 허다하고. 심지어는 작가인 생산자도 그런 일이 많아졌어. 책이 잘 팔리게 하려고 책의 내용보다 유명인의 추천사를 받는 데 혈안이 되기도 해. 본말이 완전히 전도된 거지.

이모 소유에 대한 이야기를 해서 말인데…. 내가 준 책 중에 『이스칸다르의 정원』[14]도 읽어봤니?

민경 아! 거기에서도 예술을 소유하려는 왕의 광기 어린 모습이 나와요. 소유의 이유가 아름다운 정원과 함께하고 싶은 건지, 명예를 높이고 싶은 건지는 잘 모르겠지만요.

이모 내가 섭외한 훌륭한 건축가가 다른 곳에 가서 더 멋진 정원을 만들까 봐 두려워하는 왕이 보여주는 끝없는 욕망은 왜 우리가 그토록 예술을 소유하고자 하는지를 잘 표현해주기도 해.

---

14 후안 마누엘 히스베르트 저, 나송주 옮김, 비룡소(원제: EL ARQUITECTO Y EL EMPERADOR DE ARABIA). 스페인을 대표하는 환상 소설가 후안 마누엘 히스베르트의 대표작으로 사후까지 불멸의 영광을 누리길 원했던 아라비아의 왕 알익시르가 천재 건축가 이스칸다르에게 지상에서 가장 아름다운 정원을 지어달라고 부탁하면서 벌어지는 이야기이다.

예술품을 가지지 못하면 그 복제품이라도 소유하고 싶은 초
조함을 갖게 하는 이유도 더불어 생각해볼 수 있지 않을까?

민경   어쩌면 유행이라는 것도 어떤 의미를 담고 있는 것이 아니라
남들에게 보여주고 싶은 것이 아닐까요?

이모   그럴 수 있어. 물건의 소비 형태 역시 그러한 과정을 거치게
되거든. 너도 알다시피 기계화가 거의 정착되면서 기존의 물
건과 새로 나온 물건이 기능적으로 그다지 다르지 않은데도
자본주의 사회에서는 새로운 소비를 계속해서 만들어내잖아?
요즘은 물건들을 예술 작품과 결합함으로써 소비를 촉진시키
고. 뭐, 예를 들면 성능은 비슷한데 남들이 잘 가지지 못하는
특별한 디자인으로 가치를 부여한다든가. 기업으로 따지자면
'애플'이 딱 떠오르네. 하지만 그것 또한 예술을 소유하는 새
로운 문화의 탄생이 아닐까?

할머니   문득 네 엄마 어렸을 때가 생각나는구나. 한참 「헐리우드 키
드의 생애」[15]에 빠져가지고 모든 미국 제품을 사들이곤 했었
지. 그러고 보면 너희 엄마는 예나 지금이나 유행하는 것을
소유하는 걸 문화를 향유한다고 생각하는 모양이다. 결국 소
비자일 뿐인데 말이야. 쯧쯧.

---

15 1992년에 발표한 안정효의 원작 소설을 영화화한 작품이다.

현실과 예술의 이상은 양립할 수 있을까?

민경 『달과 6펜스』에서 가장 인상적이었던 부분은 역시나 스트릭
랜드가 모든 것을 다 버리고 그림을 그리겠다고 떠난 부분이
에요. 스트릭랜드가 떠났다는 사실을 알았을 때 호사가들은
그의 행동을 두고 "부인을 버리고 달아났다", "어떤 여자와 눈
이 맞아서 달아났다"로 표현했어요. 사랑의 도피를 한 거라면
서요. 그것밖에는 안정적인 일상을 벗어날 이유가 없었다고
생각한 거죠.

이모 그래, 하지만 상상은 실제와 아주 달랐지. 상류 호텔이라고 생
각하고 찾아갔던 호텔은 아주 비좁았고 때가 잔뜩 끼어 있었
다고 묘사된 장면 기억나? 완전 헛다리 짚은 거지.

민경 사람들은 스트릭랜드가 단지 그림을 그리고 싶다는 단순한
이유에서 떠났다는 것을 인정하기 싫었던 거 아닐까요? 보통
사람으로선 할 수 없는 일이니까요. 예를 들어서 화자도 스트
릭랜드에게 "도대체 무엇 때문에 부인을 '버렸단' 말입니까?"
하고 질문하잖아요. 지속적으로 그림을 그리고 싶다고 하는
대답에 이 사람이 돌아버린 것은 아닐까 생각하고요.

이모 그럴지도 몰라. 지금도 그렇지만 그 시대에 40대 후반은 새로
운 것을 찾아서 모험을 감행하기엔 너무 늦은 나이라고 생각
하는 사람들이 많았으니까. 그런데 작가인 서머싯 몸 역시 의
사를 그만두고 작가의 길을 걸었다고 해. 의사생활을 하면서
틈틈이 썼던 책이 예상 외로 인기를 얻게 되자 과감하게 의사

를 그만두고 작가가 된 거지.

할머니 아이고! 요즘 같이 취업도 안 되는 때에 주변에 누군가 그런 행동을 한다면 다 미쳤다고 했을 게야. 나이를 막론하고! 하물며 그토록 동경하는 의사라면 더욱이나!

이모 그래서 몸은 그 누구보다도 고갱의 마음이 잘 느껴지지 않았을까요? 파리에서 거주하는 스트릭랜드를 "말끔하지만 불안해 보였던 과거에 비해 파리에서 만난 그는 지저분한 모습이었지만 더없이 편안해 보였다"고 묘사했던 건 결국 자기 자신의 솔직한 속내였던 거예요.

민경 하고 싶은 것과 할 수 있는 것! 아! 정말 요즘 제 고민과 같네요. 어랏! 혹시 제목도 이런 의미를 담고 있는 걸까요?

이모 맞아. 제목 '달과 6펜스'는 서로 다른 두 가지 세계를 가리키고 있어. 혹은 사람을 지배하는 힘을 암시하기도 하지. 달과 6펜스는 모두 둥글고 빛나지만 성질은 완전히 다르거든.

성스러운 봄, 달콤한 꿈
폴 고갱, 1894.

할머니 오호라! 시적 비유가 있는 모양이로구나. 어디 보자, 그렇다면 달은 이상향을 나타내는 것이고 6펜스는 현재의 상황이라거나, 이미 쌓아놓은 재산 같은 것이겠구나. 그러니까 그 사람은 6펜스를 버리고, 달을 선택한 거지.

이모 이야! 엄마~ 브라보! 화자가 스트릭랜드에게 끊임없는 호감을 가졌던 것은 대개의 사람들이 틀에 박힌 생활의 궤도에 편안하게 정착하는 나이에 새로운 세계를 향하여 출발할 수 있었던 그의 마음에 감동 받아서였을지도 몰라. 바로 우리처럼 말이야.

민경 그 말을 들으니 화자에 대한 이야기도 생각나요. 화자가 작가들의 사교모임에 갔던 당시를 묘사해놓은 부분이요.

이모 응? 어떤 장면이지?

민경 화자가 유명해지고 난 다음에 사람들이 그를 환대하던 때요. 화자는 그런 상황을 쑥스러워하고 오히려 찻잔을 나르거나 빵을 사람들에게 돌리며 시선을 회피하고 싶어 했어요. 그러다가 대화가 책이 몇 부나 팔렸는지, 작가가 선금으로 얼마를 받았는지, 그 책으로 돈을 얼마나 벌 수 있는지, 어느 출판사가 돈을 많이 주는지에 대한 이야기를 시작했을 때 비로소 대화가 편해졌다고 했거든요.

이모 아! 맞다, 맞아. 예술가도 속물적일 수 있다는 것을 아주 속 시원하게 그려놓았지! 상대가 없을 때 서로에 대해서 난도질을 하는 꼴이라니! 화자의 표현대로 고상한 예술을 논하는 그들 역시 '예술 세계의 반대편에 있는 장삿일'로부터 벗어날 수 없던 거야. 결국 많은 예술가들이 달보다는 6펜스를 선택할 수밖에 없는 이유도 여기에 있고.

민경   그런데요. 이모. 그게 저라도 쉽지 않을 것 같아요. 사람이 남들의 비난을 의식하면서도 과연 자신이 원하는 삶을 살 수 있을까요? 아무것도 없어서 쫄쫄 굶어도요?

이모   음, 어려운데! 그걸 제대로 이야기하려면 너를 그런 상황으로 내던져봐야지. 너희 엄마나 아빠가 자기 하고 싶은 일을 하겠노라고 모든 것을 다 버리고 떠난다면 그것을 받아들일 수 있어?

민경   엄마나 아빠가요? 으윽. 스트릭랜드 부인이 말한 것처럼 그런 선택은 엄밀하게 따지면 이기심이 아닐까요? 모든 걸 버리고 그렇게 떠나면 이제까지의 가족이 도대체 무슨 의미예요!

이모   그래? 그럼, 아까 네가 던진 질문에 답이 되었네.

민경   근데… 또 그게 마냥 그런 것은 아니기도 해요. 사실 이 책을 읽으면서 정말 두근두근했거든요. 진짜 멋있어서. 제가 이토록 가슴이 뛰고 때로는 왈칵 눈물이 나기도 했던 건 결국 요즘 제 머릿속을 뒤흔들어놓은 '어떻게 살면 좋을까' 하는 고민 때문인 것 같아요. 저는 예술과 관련된 일을 했을 때 가장 즐겁거든요.

이모   즐거운데 뭐가 걱정이야?

민경   다른 분야에서는 아주 뛰어난 것이 문제가 되지 않고 평균 정도만 해도 되지만, 예술 영역은 좀 다르잖아요. 잘해서 일류가 되는 사람과 그렇지 못하는 사람으로 나뉘잖아요. 저는 스트릭랜드처럼 묽은 수프 한 사발만 먹고도 살지는 못할 것 같아요. 텔레비전에 나오던 연예인들은 전체의 1%도 채 안 된대요. 다른 분야도 마찬가지고요. 잘해야 삼류밖에 되지 못하는 길이라고 하면 그걸 위해서 모든 것을 포기할 수 있을까요? 과연?

이모 스트릭랜드가 왜 모든 것을 버리고 그림을 그리느냐는 질문을 받았을 때 버럭 화를 내면서 이렇게 말했어. "나는 그림을 그려야 한다지 않소. 그리지 않고서는 못 배기겠단 말이요. 물에 빠진 사람에게 헤엄을 잘 치고 못 치는 게 문제겠소? 우선 헤어 나오는 게 중요하지. 그렇지 않으면 빠져죽어요"라고. 네 스스로에게 그런 질문을 해야 하지 않을까? 진짜 중요한 것은 이 일이 성공할 수 있을까 아닐까가 아니라 '어떻게 할 것인가?'이고, '왜 하고 싶은가?'야.

할머니 그래. 할머니도 이모의 생각에 적극 동의한다. 너희가 나눈 이야기를 들으면서 몹시 기괴한 이 사람을 인격 파탄이라고 해야 하는 건가, 예술가의 개성이라고 해야 하는 건가? 갸우뚱했단다. 예술가의 개성이 인격 파탄의 요소를 상쇄해줄 수 있을까 하고 말이야. 그러면서도 그가 가진 예술을 향한 마음에는 두말할 나위 없이 존경심이 생겼지. 누가 뭐라고 해도 이 할머니는 이 사람을 예술가라고 부를 수밖에 없겠더구나.

민경 맞아요. 할머니, 저는 예술을 소비하는 사람이 아니라 진짜 창조하는 사람이 되고 싶어요. 그런데도 자꾸만 마음이 흔들려요. 스트릭랜드의 마지막 작품은 결국 자신과 함께 불타버

렸거든요. 그것도 스스로요. 도대체 그 사람은 왜 그랬을까요? 자신이 온 힘을 다해서 그렸던 그림을 없애버린 이유를 아직도 잘 모르겠어요. 마지막 작품은 결국 자기 자신이었을 텐데요. 그건 먹고살기 힘든 예술을 동경한 것에 대한 분노가 아니었을까요?

이모 나는 그가 오랜 시간 꿈꾸었던 아름다움을 그릴 수 없다고 생각했던 것 같아. 시각과 생명을 포기해가면서 열정을 다 바친 그림이 완성되고 나서야 알게 된 것이지. 결국 자신은 이상을 그릴 수는 없다고 말이야. 그래서 만족해서가 아니라, 만족하지 못해서 불태워버린 거라고 봐. 혹시 사람들이 이 작품에 경외의 태도를 보일까 하는 불안감 때문에 말이지. 그는 끝까지 아름다움을 좇아간 거야.

민경 이토록 위대한 작가도 결국 자기의 예술을 신뢰할 수 없었는데, 과연 제가 할 수 있을까요?

이모 서양의 현대 철학자 들뢰즈는 "예술과 철학은 존재하는 그 자체만으로도 의미 있는 것"이라고 했어. 우리가 부끄러운 순간에도 아무렇지도 않게 지내는 일상의 삶에서 수치심을 느끼게 하는 것만으로도 가치가 있는 것이라고. 미셸 푸코는 우리는 '삶의 권력'으로부터 얽매여 있다고 했어. 한 사회에서 살아남기 위해 개인은 스스로 그 사회가 정한 훈련을 받고 그 사회가 요구하는 규격에 따라야 하는 것이지. 그래서 개인은 규격화되는 거야. 예술은 삶의 권력으로부터 우리를 해방시켜줄 거야. 네가 표현할 수 있는 예술을 만들어보렴. 네 마음대로!!

할머니 좋다마다. 다만, 어떤 마음가짐을 지닐 것인지만 분명히 하면
되겠지. 오늘 돌아오는 길에 어떤 영감이 어떤 작가의 그림이
50억에 판매되었다는 이야기를 전하더구나. 그 영감의 손자가
그림을 그리거든. 언젠가는 자신의 손자도 그렇게 유명한 작가
가 되어서 부자가 될 것이라며 자랑하더라고. 다들 그림이 그
렇게 비싸게도 팔리느냐면서 부자가 되면 한 턱 쏘라고 말했
지. 그런데 말이다. 나는 내 손녀가 부자가 되는 것보다 좋은
예술가가 되었으면 좋겠다. 무엇이 좋은 예술가인지는 좀 더
생각해보려무나.

나는 '예술 하고' 싶다

사실은 50억짜리 그림 소식에 '우와! 대단하다!'라는 생각이 먼저 들었다. 그러나 곧장 '왜 나는 그 사람의 그림이 대단하다고 생각했지? 본 적도 없는데?', '비싼 그림을 그린 작가면 다 대단한 건가?' 하는 물음이 끊임없이 이어졌다. 할머니, 이모와 대화를 나눈 후 머리에 남았던 '무엇이 작품을 아름답게 만드는가?'라는 질문이 여전히 머리에 남았기 때문이다. 결국 내가 되고 싶은 것은 도덕적으로 훌륭한 예술가인가, 타고난 기능인인가, 잘 팔리는 작품을 만드는 유명인이 되는 것일까?

내가 좋아하는 말 중에 피카소가 한 말이 있다. "모든 어린이는 예술가다. 문제는 어른이 되어서도 예술가로 남아 있을 수 있느냐는 것이다." 이 말을 듣는 순간 피카소가 대상을 새롭게 보기 위해서 형상을 쪼개고 붙이는 작업을 해왔다는 것이 문득 떠오르며 소름이 돋았다. 어느 순간 만들어진 사회의 기준을 벗어나려 끊임없이 노력했던 피카소가 여전히 도전을 두려워하지 않는 어린이처럼 생각되었다. 나는 늘 예술 분야의 장인(匠人)이 되고 싶다고 생각했다. 완성되고 지속되는 모든 작품에는 미적인 어떤 것이 있으며, 장인의 어떤 작업에도 예술가의 기쁨이 있다고 믿었다. 그래서 무한 복제되는 현대의 예술 산업을 혐오스러워 했다. 이제는 내가 유행을 사들이는 엄마와 입을 벌리고 연예인들의 춤사위를 지켜보는 동생에게 화가 난 이유를 알 수 있을 것 같다.

이모는 늘 말했다. 철학은 시대를 반영하는 학문이라고. 그래서 철학을 배워야 한다고. 그리고 예술은 그러한 철학을 표현하는 중요한 수단이라고 덧붙였다. 그렇다면 지금 나는 어떤 시대를 살고 있는 걸까? 우리가 쉽게 접하는 다양한 예술들은 무엇을 공통의 언어로 말하고 있을까? 그림의 내용보다는 가격에 집중되거나 널리 이름이 알려진 예술가의 공연장만 매진되고. 섹시 클리셰가 당연시되며, 막장이 아니라는 막장 드라마 속의 드라마는 현실 그 자체인 것일까? 그렇다면 나는 현재의 철학을 무엇이라고 표현할 수 있을까? 시대에 영합하는 여러 작품과 관람자를 무조건적으로 비판하기에는 나 자신도 거기에서 크게 벗어나지 않는 것 같아서 부끄러워질 뿐이다. 나 역시 도저히 살 수 없는 가치조차도 사들이려고 했던 것은 아니었는지 되돌아보는 시간이었다.

예술 작품을 만들어낸다는 것은 독야청청 홀로 내 길을 가는 것도, 다른 사람의 시선을 의식하는 것도 아니라는 것이 부족하나마 내가 내린 현재의 결론이다. 아직은 어떻게 예술을 창조해야 하는지도, 어떻게 수용해야 하는지도 잘 모르겠지만 "언제부터 예술한다는 것이 비꼬는 말이 되었냐"는 어떤 드라마의 대사처럼 이미 현실과 동떨어져버린 예술이 현실과 적절한 거리를 유지하며 현재를 재창조하기를 바랄 뿐이다.

윤리적인 삶의 직접적인 안내자는 양심이다.

-아벨라르-

존 러미 어원론

4 연애소설과 노인이 무슨 관계지?

환경문제?
가슴에 와 닿지 않아요!

창민은 초등학교 다닐 때 음식물 안 남기기, 쓰레기 분리수거, 절전하기 등을 일상생활에서 실천하는 게 몸에 배었다. 어머니도 '한살림' 회원이어서 유기농산물을 많이 이용하고 가급적 일회용품을 쓰지 않으려고 노력하셨다. 어머니는 생산지를 견학하러 갈 때 창민을 데려가기도 하셨다. 그곳에서 오리농법을 실천하는 논두렁에 들어가 애들이랑 우렁이나 미꾸라지를 잡았던 기억이 가끔 아련하게 떠오른다.

그런데 중·고등학교에 오니, 분위기가 영 딴판이었다. 아이들은 급식 시간에 음식을 많이 퍼 담고 남은 음식을 거리낌 없이 잔반통에 버렸다. 빈 교실에 전등이나 에어컨이 켜져 있을 때도 많고, 쓰레기 분리수거 개념은 아예 없어 보였다. 처음엔 이런 분위기가 몹시 낯설어서 학급회의 시간에 제안도 해보고 가까운 친구들과 얘기도 나눠봤다. 그런데 아이들의 반응이 신통치 않아 창민의 의욕도 저하되었다. '혼자서 나댈 건 없잖아'라는 생각에 창민도 슬슬 음식을 남기고, 절전을 생활화해야 한다는 의식도 많이 무뎌지기 시작했다.

그러다가 작년 말 사회 시간에 창민은 「아마존의 눈물」[16]을 시청하게 되었다. 밀림

---

16 「아마존의 눈물」은 MBC TV의 텔레비전 다큐멘터리 프로그램으로 "지구의 눈물 시리즈" 두 번째 작품이다. 인간의 무분별한 개발로 아마존의 자연 생태계와 인디오사회가 어떻게 파괴되는지, 그리고 열대우림이 어떻게 사라지는지를 생생하게 보여준다.

에서 생활하는 여러 원시 부족들의 삶이 신기하기도 했고, 밀림이 개발되면서 삶의 터전을 잃은 그들이 도시로 밀려나 부랑자처럼 사는 모습이 안타까웠다. 몇몇 부족은 개발 과정에서 학살당하거나 외지인이 가져온 바이러스에 감염되어 시름시름 앓다가 죽어갔다. 특히 야노마미 부족 추장의 발언이 창민의 뇌리에 깊게 남았다. "야노마미는 지금 시들고 있습니다. 당신들의 탐욕, 개발, 바이러스가 우리를 죽이고 있습니다. 하지만 명심하십시오. 우리의 죽음은 곧 이 세상이 멸망한다는 뜻입니다. 그 대가는 결국 당신들이 짊어져야 할 것입니다." 주로 부유한 나라 사람들이 자연을 파괴해왔는데, 그 피해를 자연 친화적으로 사는 사람들이 가장 먼저 입는다니, 안타까웠다. 그리고 언젠가는 그 대가를 인류 전체가 치러야 한다고 생각하니, 마음이 무거웠다.

고2가 되어 같은 반이 된 은주랑 친해지면서 창민의 고민은 깊어졌다. 은주는 지역의 환경동아리에서 활동해왔고 일상의 작은 실천들도 놓치지 않고 있었다. 얼마 전 은주는 창민에게 설악산 케이블카 설치를 반대하는 운동에 동참할 생각이 없느냐고 물었다. 그때 창민은 서명은 하겠는데, 집회에 참석할 만한 마음까진 없다고 솔직히 얘기했다.

며칠 전 '생활과 윤리' 시간에 환경윤리에 대해 배웠다. 수업이 끝난 후 선생님에게 평소 궁금해 하던 것들을 질문했다. 그리고 환경문제의 심각성에 대해 "머리로는 알겠는데, 가슴으로는 잘 와 닿지 않는다"는 고민을 털어놓았다. 그랬더니, 선생님은 『연애소설 읽는 노인』이란 책 읽어볼래? 너한테 도움이 될 것 같구나"라고 얘기하셨다. 그리고 책을 읽은 후 교과 연구실로 찾아오라고 하셨다.

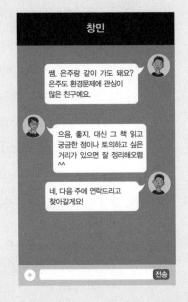

창민

쌤, 은주랑 같이 가도 돼요? 은주도 환경문제에 관심이 많은 친구예요.

으음, 좋지. 대신 그 책 읽고 궁금한 점이나 토의하고 싶은 거리가 있으면 잘 정리해오렴 ^^

네, 다음 주에 연락드리고 찾아갈게요!

전송

연애소설 읽는 노인

『연애소설 읽는 노인』[17]은 1990년대 라틴아메리카 문학의 새로운 부흥을 이끈 작가 루이스 세풀베다가 쓴 작품이다. 이 소설은 아마존의 밀림을 배경으로 군더더기 없이 깔끔하게 전개되는 이야기, 신비스러운 등장인물들, 독자를 끊임없이 긴장하게 하는 추리 소설적 기법 등을 토대로 독자들의 눈을 사로잡는다.

소설의 배경은 아마존 유역의 엘 이딜리오라는 마을. 사람들은 수크레 호가 실어오는 물건들과 욕쟁이 치과 의사를 기다렸다. 이 마을에는 노다지꾼들과 술병이 몰려들고, 양키들은 카메라와 총을 들고 찾아왔다. 그 주변에는 히바로 족과 수아르 족이라는 두 원주민 부족이 살고 있다. 문명을 동경하는 히바로 족은 술이나 얻어먹을까 하며 이곳저곳을 기웃거리는 데 비해, 자부심 강하고 아마존 유역의 밀림에 정통한 수아르 족은 자연 친화적인 삶을 고수하고 있었다.

그런데 양키의 시체 하나가 발견되면서 이 마을의 평화가 깨지고, 곧 읍장이 사건을 조사하러 나온다. 마을의 유일한 관리인 뚱보 읍장

---

17 『연애소설 읽는 노인』은 원작과 같은 이름으로 2001년 영화로 발표되었으며, 우리나라에서는 「아마존 대탐험」이라는 타이틀로 개봉되었다.

은 전횡을 일삼으며 납득할 수 없는 명목을 내세워 툭 하면 사람들에게 세금을 거둬들였다. 그래서 마을 사람들은, 읍장이 언젠가 걸핏하면 손찌검을 하면서 함께 살고 있는 인디오 여자에게 살해당하기를 바랄 정도였다.

읍장은 시체를 보자마자 그 시체를 거두어온 수아르 족에게 살인 누명을 씌웠다. 그러자 이 소설의 주인공인 노인 안토니오 호세 볼리바르 프로아뇨가 나서서 반박했다. 그는 양키를 죽인 범인이 양키에게 새끼를 잃은 암살쾡이임을 조리 있게 밝혔다. 그리고 앙심을 품은 살쾡이에 의해 인간이 계속 살해될 거라고 얘기했다.

이어 소설은 노인의 사연을 전한다. 노인은 젊었을 때 아내와 함께 이 마을로 이주해왔다. 이주자에게 2헥타르의 땅을 주고, 아낌없는 기술 지원을 하겠다는 정부의 말을 믿었던 것이다. 그러나 애써 일군 땅에 심었던 곡식이 우기에 떠내려가자, 그들은 절망에 빠져 우두커니 마지막 순간만을 기다리고 있었다. 이때 수아르 족 사람들이 다가와 그들에게 도움의 손길을 내밀었다. 밀림에서 자연과 더불어 살아가는 법을 알려준 것이다. 하지만 이듬해 노인의 아내는 말라리아에 걸려 죽었다. 이렇듯 개간에 실패하고 아내가 죽자, 그는 자신의 꿈과 사랑을 앗아간 밀림을 몹시 증오했다. 심지어는 아마존 밀림이 거대한 불길에 휩싸여 잿더미로 변하는 꿈을 꾸기도 했다.

그런데 수아르 족의 도움으로 밀림의 세계에 눈을 뜨게 되면서 그는 차츰 밀림에 매료되었다. 그러다 강한 독을 가진 큰 뱀에게 물리게 되었는데, 수아르 족 주술사의 처방과 여인들의 정성스러운 치료 덕분에 살아났다. 이 사건을 계기로 그는 정식으로 밀림의 세계에 입문하게 되었다. 세월이 한참 흐른 후, 그는 친구 누시뇨를 살해한 백인을 총살하게 되고, 이를 계기로 그는 수아르 족 곁을 떠나 마을로 돌아왔다. 마을로 돌아온 그는 연애소설을 천천히 읽으며 외롭고 무료한 삶을 달래고 있었다.

한편 암살쾅이에게 살해당한 사람이 자꾸 늘어났다. 결국 살쾅이를 잡기 위한 수색대가 꾸려지고 노인도 이에 합류했다. 그러나 뚱보 읍장과 함께 하는 수색은 고역이었다. 밀림의 법칙 따윈 아랑곳하지 않는 읍장은 계속 투덜대며 수색을 더디게 만들었다. 마침내 읍장은 노인에게 암살쾅이를 죽일 것을 부탁하고 자신들은 마을로 돌아가겠다고 했다. 수색을 지속했다간 자신의 권위가 더 추락할 수밖에 없다는 판단이 선 것이다.

이어 노인과 암살쾅이와의 치열한 사투가 벌어진다. 노인은 암살쾅이가 스스로 죽음을 찾아 나섰다고 보았다. '인간과의 물러설 수 없는 한판 싸움을 벌인 뒤에 스스로 선택하는 그런 죽음' 말이다. 암살쾅이와 노인의 한판 싸움에서 과연 누가 승리했을까?

연애소설 읽는 노인
영화 포스터(네이버 영화)

노인과 암살쾡이가 한판 붙다

이 소설 어땠어?

철학쌤　『연애소설 읽는 노인』어땠어? 지루하지 않았니?

은주　아마존의 밀림을 배경으로 해서 그런지 전혀 지루하지 않았어요. 노인이 수아르 족 도움을 받으며 밀림에서 살아가는 이야기가 신기하고요. 수색대가 살쾡이를 잡으러 가는 대목이랑 노인과 살쾡이가 심리전을 벌이는 대목도 가슴 졸이며 읽었어요. 추리소설 읽는 것처럼 손에 땀이 날 정도였어요.

창민　저는요, 작년 말 학교에서 「아마존의 눈물」이란 다큐멘터리를 시청한 적이 있어요. 그래서 그런지 소설 속 장면들을 상상하기 쉬웠어요. 그런데 저는 노인이 밀림에서 연애소설을 읽으며 곤돌라나 깊은 입맞춤에 대해 궁금해 하는 대목이 되게 재밌었어요. 또, 한 음절 한 음절을 음식 맛보듯 음미한 뒤에 그것들을 모아서 자연스런 목소리로 책을 읽어가는 방식도 인상적이었고요.

철학쌤　으음, 그랬구나. 연애소설은 20대에서 30대 초반의 미혼 여성

129

아마존

들이 좋아하는 장르인데, 일흔 살에 가까운 노인이 연애소설을 읽는다는 설정 자체가 매우 흥미롭지? 그것도 정글에서. 제목 때문에 이 소설이 많이 팔렸을 거라는 서평을 어딘가에서 본 듯한데, 정말 작가가 제목 하나는 기막히게 잘 지은 것 같아. (^*^) 정글에서 살쾡이를 한참 쫓다가 밤에 잠깐 쉴 때 노인이 연애소설을 읽는 대목이 정말 압권이었어.

은주 저도 그 대목을 보고 작가의 상상력이 대단하다고 생각했어요. 수색대에 참여한 사람들이 단어의 뜻에 대해 이러쿵저러쿵 토의하잖아요. 심지어는 읍장까지 가세해서 곤돌라랑 베니스에 대해 설명해주고…. 저는 그걸 보며 연애라는 게 인간들의 공통적인 관심사구나, 하는 걸 실감했어요. 물론 나이든 남자어른들이 연애에 대해 열 올리는 게 약간 낯설었지만.

창민 내 생각엔 아마존 밀림에 살다 보니, 유럽 문화에 대한 동경 같은 게 있지 않았을까 싶어. 노인이 책을 읽을 줄 안다는 것에 대해 신기해 하잖아. 그리고 한 수색 대원이 극장에서 멜로드라마를 보고 울었다는 얘길 하는 걸 보면 영화를 접할 기회도 별로 없었던 것 같고~.

철학쌤 등장인물들의 심리나 문화적 배경을 잘 파악한 것 같네. 난 매우 긴박한 상황에서 노인이 연애소설을 매개로 다른 수색대원이랑, 읍장이랑 소통했다는 점에 주목할 필요가 있다고 생각해. 이 작품에서 연애소설을 읽는다는 게 어떤 의미를 지니는지는 나중에 더 얘기해보기로 하자. 자, 그럼 이 소설을 읽으며 궁금했던 점이나 토의거리에 대해 얘기해볼까?

수아르 족이 살아가는 방식?

창민 저는 읍장이나 양키를 비롯한 백인들이 원주민을 대하는 방식에 대해 얘기해보고 싶어요.

은주 저는 그 전에 수아르 족의 삶의 양식에 대해 얘기해봤으면 좋겠어요.

철학쌤 수아르 족에 대한 이야기를 먼저 나눈 다음, 백인들이 원주민을 대하는 방식에 대해 얘기하는 게 좋을 성싶구나. 이 소설에서 수아르 족에 관한 이야기가 종종 나오는데, 그중 기억에 남는 게 있니?

은주 저는 수아르 족이 3년 단위로 거주지를 이동한다거나 새끼는 죽이지 않는다는 게 인상적이었어요. 또, 사냥감을 발견하면 소리 나지 않게 입으로 부는 화살로 감쪽같이 처치하거나 눈앞에서 날쌔게 움직이는 물고기를 창을 던져 잡는 것도 신기했고요.

창민 저는 동물을 사냥하거나 친구의 원수를 갚을 때 총을 사용하는 걸 명예롭지 못하다고 생각하는 게 기억에 남아요. 죽은 누시뇨를 대신하여 복수했을 때, "총을 맞았기에 백인의 얼굴이 놀라움과 고통에 일그러져 저 세상으로 떠날 수 없다. 그래서 누시뇨도 저 세상으로 편안하게 갈 수 없다"고 노인이 생각하잖아요. 또, 암살쾡이를 총으로 쏴 죽인 후에도 뿌듯해하기는커녕 부끄럼의 눈물을 흘리고요.

은주 나도 수아르 족의 그런 사고방식이 우리와 매우 다르다고 느꼈어. 내 생각엔 총을 사용하면 필요 이상으로 많은 생명을 빼앗거나 큰 고통을 초래해서 그런 것 같아. 냉혹한 밀림에서 살아가려면 생명이 있는 것들을 직접 죽여야 할 일이 많을 텐데, 불필요한 살상을 줄이고 상대의 고통을 최소화하려는 마음이 느껴져 가슴이 뭉클했어.

철학쌤 죽은 뒤에 나비나 물고기, 동물로 환생한다는 믿음이 생명을 함부로 대하지 않는 마음가짐으로 이어진다고 생각해. 그리고 이런 믿음 덕분에 노인들이 안락사를 자발적으로 선택하는 것 같기도 하고. 이제 '떠날 시간이 되었다'고 결정한 노인들이 치차 즙과 나테마 즙을 마시고 편안히 죽어가는 모습이 인상 깊었어.

은주 그런데요, 전 수아르 족의 문화 중 이해하기 어려운 부분이 있었어요. 수아르 족 중 한 사람이 (젊은 시절의) 노인에게 자신의 아내들 중에서 한 명을 받아들여달라고 간청하고, 실제 노인이 그 남자가 점지해준 여자랑 성적 관계를 맺는 대목이 있어요. 거기서 이런 표현이 나와요. "그것은 순수한 사랑이었다. 오로지 사랑 그 자체를 위한 영원한 사랑이었다. 소유도 질투도 없는 사랑이었다." 저는요, 상대를 아무리 존경하고 아끼다고 하더라도 자신의 아내를 하룻밤 빌려준다는 발상 자체가 이해가 안 돼요. 여자가 뭐 물건도 아니고….

철학쌤 그래? 지역마다 결혼 제도나 성 풍속이 다르긴 하지. 에스키모들에겐 손님이 오면 아내를 빌려주는 풍습이 있다고 해. 그건 아마도 고립된 지역에서 유전적 다양성을 확보하려는 지혜(?)가 아니었을까? 수아르 족 사람의 그런 행동도 노인에 대한 우정의 표현이자, 좋은 유전자를 자식에게 물려주기 위한 의도가 깔려 있지 않았나 싶어. 그리고 원시부족사회에서는 아내들 간에, 혹은 남편들 간에 서로에 대한 질투심이 그리 많지 않았을 것 같아. 원시부족사회에서는 남편이 사냥을 하러 나가 있는 동안 아내들이 서로 협력해야만 생존이 유지되거든. 또, 남편들 역시 사냥할 때 서로 협력해야만 하고. 어떤 자식에게 재산과 지위를 물려줄까를 놓고 아내들끼리 신경전을 벌이려면 잉여 생산물이 있어야 하지 않을까?

창민 아내를 빌려주는 풍습이 남편 입장에서 그렇게 손해를 볼 것 같지도 않아요. 자신도 다른 부족으로부터 그런 환대

에스키모 가족 c. 1917.

를 받으면 좋잖아요.

은주   되게 밝히기는~.

외부인에 대한 혐오와 멸시는 타고난 본능일까?

창민   음~, 전 이런 의문이 있어요. 수아르 족이 백인들보다 훨씬 평
화로운 부족인데 읍장은 왜 대뜸 수아르 족을 살인범으로 의
심할까요?

은주   수아르 족이 잔인하고 야만적으로 보이지 않았을까? 벌거벗
은 몸에 울긋불긋 색칠을 하고, 독화살로 맹수나 큰 뱀들을
사냥하는 모습을 보면 반인반수처럼 비쳤을 것 같아.

창민   하긴 나도 「아마존의 눈물」에서 조에 족의 모습을 처음 보았
을 때 정말 놀랐어. 자세히 보면 미남 미녀도 많은데, 알몸에
다 턱에 구멍을 뚫어 나무막대기를 끼우고 다니는 모습이 괴
상망측해 보였어. 또, 개미들을 산 채로 먹으며 "맛있다"고 말
하는 걸 볼 때는 토가 나올 것 같았어.

철학쌤   그래~, 피부 색깔이나 생김새가 달라도 우리는 거부감을 많
이 느끼지. 게다가 생활양식이 달라서 혐오감을 느낄 때도 있
어. 예를 들면 우리는 서양인들에게서 나는 노린내를 싫어하
지만 서양인들도 우리한테 마늘 냄새가 난다고 싫어한단 말
이지. 과거에 우리 조상들은 게다를 신는다고 일본인들을 '쪽
발이'라 부르며 무시하기도 했지.

은주 백인들이 아메리카나 호주 원주민을 학살하거나 아프리카의 흑인을 노예로 매매한 것도 자신들과 피부색이나 종교, 문화가 다른 사람을 혐오하고 멸시하기 때문에 그랬다고 봐야겠네요. 그렇다면 피부색깔이나 생김새, 삶의 양식이 다른 사람들에 대한 혐오나 멸시는 타고난 본능일까요?

철학쌤 진화심리학에서는 사람들이 외부인을 혐오하는 이유를 병원균에 대한 방어 심리 때문이라고 설명하지. 침팬지의 경우에도 자신에게 전염성 병원균을 옮길지도 모르는 개체를 알아차리고 그들과 어울리는 걸 피하거나 배척하는 모습을 볼 수 있대. 인간의 경우, 혐오감이라는 감정이 병원균을 지닌 대상을 멀리하게 해준다는 거야. 예를 들면 메르스가 한참 유행할 때 우리는 콧물을 흘리거나 재채기를 하는 사람이 주변에 있으면 눈살을 찌푸리고 멀찌감치 떨어졌잖아. 한데 위험한 병원균에 감염되었다는 것을 한눈에 알려 주는 단서들에 대해서만 방어 심리가 작동하는 것은 아니래. 피부 색깔이나 생김새, 언어 등 어떤 사람이 우리 집단에 속하지 않는 외부인임을 알려 주는 단서만으로도 그를 회피하거나 배척하는 심리가 작동한대.

은주 재미있는 이론인데요. 한데 쌤, 우리끼리 뭉치며 외부인을 몰아내려는 심리가 어떻게 전염병을 막아주는 방패가 될까요?

철학쌤 7만 년 전 아프리카에서 출현한 현생 인류가 시간이 흐르면서 각 지역으로 흩어졌잖아. 그런데 각 지역마다 기후와 식생이 다르다 보니, 힘을 쓰는 병원균들도 다를 게 아니겠어? 그러다 보면 토착 병원균들을 잘 다스리는 면역 능력을 비슷하게 지닌 사람들이 한 곳에 모여 살게 된다는 거야. 한데 외부인들과 함부로 접촉하게 되면, 낯선 병원균에 감염되어 목숨을 잃을 수도 있다는 거지. 재러드 다이아몬드라는 미국의 과학자는 『총, 균, 쇠』라는 책에서 유럽인들에 의해 아메리카로 건너 간 각종 전염병이 엄청난 인명 피해를 가져왔다고 주장했어. 1521년 코르테스 군대가 아즈텍 왕국의 수도 테노치티틀란을 공격할 당시에는 이미 이들보다 먼저 병원균이 들어와서 많은 원주민들이 천연두를 앓고 있었대. 천연두는 본래 아메리카 대륙에는 없던 질병이었는데, 유럽인들이 대서양을 건너올 때 병원균을 가져와 퍼뜨린 셈이지. 멕시코를 덮친 천연두는 1,800만 명의 목숨을 앗아갔고 살아남은 이들의 3분의 2가 또다시 홍역으로 죽었대. 또, 천연두라는 전염병은 잉카 제국을 몰락시키는 데에도 일조했고.

1521년 스페인 군대에 의해 테노치티틀란이 함락되는 모습을 묘사한 그림이다.

테노치티틀란의 전투

창민 그럼, 축구나 야구 경기장에서 상대팀 지지자에게 폭력을 휘
      두르는 훌리건 현상이나 타 지역 사람이나 다른 민족에 대한
      배타적 감정도 병원균에 대한 방어 심리로 설명할 수 있다는
      얘기인가요?

철학쌤 그것만으로 다 설명할 수 없을 것 같은데…. 우리가 반일 감정
      을 갖는 것은 일제에 의해 식민 통치를 받은 역사적 경험이나
      독도나 위안부 문제에 대한 일본 정부의 정책과 무관하다고
      볼 수 없잖아. 또, 독일이 유럽에 오랫동안 거주해온 유태인을
      대량 학살한 것도 병원균에 대한 방어 심리로는 설명하기 어
      렵지. 서구 열강의 식민지 쟁탈전과 그로 인한 세계대전도 마
      찬가지고.

은주   그럼, 이런 사건들을 설명할 수 있는 다른 이론이 있나요?

외부인에 대한 공격 본능이 내집단의 단결을 촉진해

철학쌤 정신분석학을 창시한 오스트리아의 심리학자 프로이트에 따르
      면 인간은 삶의 본능(Eros)과 함께 죽음 본능(Thanatos)을 가지
      고 있어. 프로이트가 에로스와 함께 타나토스를 인간의 본능
      으로 간주하게 된 데에는 그가 살았던 시대랑 무관하지 않을
      것 같아. 그는 1차 세계대전을 겪고 트라우마에 시달리던 환자
      들을 치유했고 나치 시대에 유태인 탄압을 경험했거든.

은주   삶의 본능과 죽음 본능이 뭔지 설명해주시면 좋겠어요.

철학쌤 음~, 삶의 본능은 생명을 유지·발전시키고, 자신과 타인을 사랑하며, 한 종족의 번창을 가져오는 본능을 말해. 반면 죽음 본능은 자신에게로 향하면 자해 및 자살을 하게 되고, 타인에게로 향하게 되면 폭력이나 다툼, 전쟁으로 이어지는 본능을 말하지. 프로이트는 이런 삶과 죽음의 본능들은 연합하기도 하고 중화되기도 하며 서로 대체되기도 한다고 주장해. 또, 프로이트는 공격 본능이 죽음 본능을 구성하는 한 요소라고 봤어. 그에 따르면 공격 본능의 장점이 없는 게 아니야. 가문, 마을, 기업, 종교단체, 종족(민족) 등은 외부인에게 적개심을 발산하는 형태로 이 본능을 배출시키는데, 그렇게 되면 그 집단 구성원들의 유대감과 결속력을 드높일 수 있거든.

창민 진화심리학자든 프로이트든 외부인에 대한 혐오나 공격성을 인간의 본능이라고 본다는 얘기네요. 올림픽이나

날개를 단 타나토스의 조각
에페이소스의 아르테미스 신전의 대리석 조각으로
BC 325~BC 300년경 작품으로 추정된다.

브라질의 인디오

월드컵 때 우리나라 선수가 우승하면 뛸 듯이 기쁘다거나 일본에서 누군가가 독도에 대한 망언을 했다는 보도가 나올 때마다 애국심이 갑자기 고조되는 현상을 이제 좀 이해할 수 있을 것 같아요. 하지만 여전히 고개가 갸웃거려지는 부분은… 소설을 보면 수아르족이 노인 부부를 잘 도와주기도 했고, 역사적으로도 외부인을 환대한 사례가 적지 않았던 것 같거든요. 사회문화 시간에 레비스트로스라는 인류학자가 서로 다른 씨족 간에 여성을 교환하는 제도야말로 인류가 자연 상태에서 문명으로 전환하게 된 발판이라 주장했다고 배웠어요.

철학쌤 창민이 네 말도 일리가 있어. 가야의 수로왕이 인도 출신의 공주랑 결혼하여 볍씨와 쌀을 혼례품으로 받았고, 이를 계기로 우리나라가 벼농사를 짓게 되었다는 얘기가 있잖아. 그리고 고려를 건국한 태조 왕건이 지방 호족들을 자기편으로 끌어들이기 위해 혼인 정책을 쓴 결과 왕비가 무려 29명이 되었다는 이야기도 역사책에 나오고. 역사를 잘 살펴보면 교류와 협력의 사례도 적지 않을 거야. 한데 우리가 주목할 것은 서로 힘이 균등하지 못하고, 공동의 적이 없어 연합할 필요가 없을 경우 어느 한쪽이 다른 한쪽을 정복해서 그들을 죽여 없애거나 노예(노비)로 삼았다는 점이야. 다시 말해 다름, 차이가 배제나 차별의 근거가 되었다는 얘기지.

타자를 없애거나 차별하거나

창민 스페인 사람들이 브라질을 제외한 남아메리카 대륙을 지배했잖아요. 그들은 남아메리카 대륙에서 원주민을 어떻게 대우했나요?

철학쌤 남아메리카 정복 과정과 식민통치 기간 중 스페인 사람들이 저지른 만행은 실로 끔찍했단다. 식민통치가 워낙 가혹해서 원주민들이 자식들을 죽이고 집단 자살하는 일까지 있었대. 심지어는 인디오들을 개 먹이로 던져주는 일까지 있었다고 해. 스페인 사람들이 처음 도착했던 카리브 해 연안은 아예 원주민의 씨가 말라서 아프리카에서 흑인 노예를 데려왔다는 거야. 한 통계에 따르면 정복 초기 아스텍 문명권에는 약 1,600~2,000만 명, 잉카 문명권에는 600~800만 명 정도가 살고 있었대. 한데 17세기 중반 멕시코에는 100만 명, 잉카 문명권에는 60만 명 정도만이 생존했다네. 이런 인구 감소에는 유럽에서 건너간 천연두, 홍역 등의 전염병이 큰 몫을 차지했어. 하지만 강제 노동, 식량 수탈, 부역에 따른 가정 해체 등도 중요한 원인이었다고 해.

아타왈파(c 1500~33, 페루 잉카제국 마지막 왕)의 최후

창민   남아메리카의 인종 구성이 복잡하다고 들었는데, 어떤가요?

철학쌤   지금 남아메리카에는 백인, 백인과 인디오의 혼혈인 메스티소, 원주민의 후손인 인디오, 흑인, 백인과 흑인의 혼혈인 물라토 등 다양한 인종이 살고 있지. 그중 인디오는 페루와 볼리비아를 제외하면 그 비중이 미미한 편이야. 그리고 남미의 많은 지역에서는 피부색이 흴수록 지위가 높다고 해. 인디오나 흑인은 자신들의 생물학적 특징 때문에 불평등한 지위에 계속해서 머무르고 있는 거지. 그래서 인디오나 흑인 여성들은 자신이 낳은 아이의 사회적 지위를 높이기 위해 다른 인종의 남성과 동거를 하거나 결혼을 하고 싶어 한대.

은주   헉~, 그래요? 그럼, 소설에서 읍장이 인디오 출신 부인을 걸핏하면 때렸다는 게 바로 백인들이 원주민을 어떻게 대했는지 상징적으로 보여주는 거네요. 그렇지만, 우리나라 사람들이

동남아 출신 이주노동자나 아이들에게 하는 행동을 생각하면 서구인을 비판할 처지가 못 되는 것 같아요.

철학쌤   네가 겪은 일이 있다면 얘기해줄래?

은주   초등학교 4학년 때 우리 반에 필리핀 출신 아이가 있었는데요, 가난한 나라에서 왔다고 무시하는 아이들이 많았어요. "얼굴도 시커멓게 생겨가지고. 퉤, 재수 없으니까 너희 나라로 빨리 꺼져버려"라고 놀리는 애도 있었고, 운동이나 놀이를 할 때 걔를 끼어주지도 않았어요. 저는 속으로 이래도 되나 싶긴 했는데, 말릴 용기가 없어 방관만 했던 것 같아요. 또, 이주 노동자들이 제일 먼저 배우는 한국말이 "때리지 마세요, 욕하지 마세요, 우리도 사람이에요"라는 걸 신문기사에서 본 적 있는데, 너무 창피했어요. 미안한 마음도 들고….

창민   일제 식민통치를 경험한 우리가 우리보다 가난하다는 이유로 다른 민족을 차별하다니! 인종우월주의나 자문화중심주의에 사로잡혀 있는 사람들이 많은 한 세계평화는 불가능한 것 아니에요? 요즘 IS(이슬람국가)[18]와 IS를 추종하는 개인들의 테러가 세계 각지에서 자행되고 있는데, 이는 그동안 세계를 좌지우지한 서구인들과 서구 문명에 대한 일부 무슬림들의 보복인 것 같아요.

은주   '눈에는 눈, 이에는 이'라는 보복 원칙이 피의 악순환을 부르는 것 같아 섬뜩해요. 지금은 과거 어느 때보다 세계 각국이

---

18 이라크 및 시리아 일부 지역을 점령하고 있는, 국가를 자처한 무장단체이다.

서로 긴밀히 소통하고 협력해야 하는 시대 아닌가요?

철학쌤 그러게~. 이 문제의 해결 방안에 대해서는 나중에 얘기해보
도록 하고, 다시 소설 이야기로 돌아가볼까? 아무리 사나운
맹수라 하더라도 일부러 사람들, 그것도 무장한 남자들을 해
치러 오지는 않는 법인데, 암살쾡이는 왜 겁도 없이 사람들을
해치러 나타났을까?

암살쾡이는 무엇을 상징할까?

은주 양키들이 먼저 새끼들을 총으로 쏴죽이고 수컷에게 큰 상처
를 입혀서 그런 것 아니에요? 그러고 보면 자식을 잃은 부모
의 슬픔은 사람이나 짐승이나 다를 바 없는 것 같아요.

철학쌤 암살쾡이가 그렇게 단단히 독이 들었는데, 노인은 왜 혼자서
암살쾡이와의 대결에 나섰을까? 더 이상 피해자를 줄여야겠
다는 마음이 절실한 것도 아니고, 암살쾡이를 죽이면 많은 돈
을 주겠다는 읍장의 제안에 끌린 것도 아닌데?

창민 노인이 암살쾡이가 자신을 죽여줄 상대를 찾고 있다고 추리
한 게 기억나요. 결국 노인은 자신이 암살쾡이의 목숨을 끊을
상대로 가장 적합하다고 판단한 것 아닐까요? 남자들은 사냥
꾼 본능을 타고났다고 들었는데, 머리도 비상하고 대담한 암
살쾡이랑 한번 겨뤄보고 싶은 마음이 들었을지도….

은주 그래? 노인은 꼭 이기는 싸움이 되리라고 보지는 않았던 것

같아. 이 싸움에서 지더라도 여한이 없겠다는 생각이 밑에 깔려 있었을 듯….

철학쌤 너희들 말에 공감해. 한 마디만 보태면 노인은 암살쾡이가 읍장과 같이 개념 없는 사람의 총에 맞아 죽는 걸 원하지 않았던 것 같아. 그래서 자신이 사냥꾼으로서 감각을 많이 잃어버렸다는 걸 알면서도 직접 나서지 않았나 싶어. 한데 노인도 막판에 암살쾡이를 총으로 쏴죽였고, 그에 대해 노인은 떳떳하지 못하다고 여겼지. 대신 암살쾡이를 아마존 강물에 고이 띄워 보내주는 것으로 그의 영혼을 위로하려 했어.

은주 이 소설에서 암살쾡이는 무엇을 상징할까요? 겉으로는 새끼들과 수컷을 잃고 인간에게 복수하러 나선 맹수인데, 좀 더 깊은 의미가 담겨 있을 것 같아요.

철학쌤 아주 좋은 질문이야. (^-^) 각자 그 의미를 추리해보렴~.

창민 (곰곰 생각하다가) 전 사라져가는 아마존 밀림을 상징하는 게 아닐까 생각했어요. 밀림이 없어지면서 생물종들도 많이 줄어들고 원주민도 살 터전을 잃어버렸잖아요.

은주 우와~, 멋진 생각이야. 그걸 좀 더 확장하면 온실가스와 각종 쓰레기, 오염물질로 신음하는 지구라고 해석해도 좋겠다.

암살쾡이를 아마존 강물에
띄워 보내주는 노인

철학쌤 예리한데~. (오른손 엄지손가락을 치켜세운다.) 너희 '가이아 이론'이란 말 들어봤니? 가이아 이론이란 제임스 러브록이라는 과학자가 그리스 신화에 나오는 대지의 여신 가이아의 이름을 따 만든 이론이야. 그 이론에 따르면 지구의 생물들, 대기, 대양, 지표면은 살아 있는 하나의 거대한 유기체[19]라 할 수 있지. 예를 들면 지난 30여 억 년 동안 대기권의 원소 조성과 바다의 소금 농도가 거의 일정하게 유지되었대. 러브록은 그 이유를 생물들이 이 지구를 생명체가 살아가기 적당한 장소로 만들기 위해 능동적으로 움직였기 때문이라고 말해.

은주 지구를 하나의 거대한 유기체로 본다? 옛날 동양에서도 그와 비슷한 세계관을 가졌다고 배웠어요. 한데 과학적인 근거를 갖고 그렇게 설명하니까, 재미있는데요.

철학쌤 음~, 또 과학자들의 연구에 의하면 지구상에 생명체가 출현한 후 대멸종이 5차례 있었대. 모두 운석 충돌이나 화산 폭발, 대지진 같은 자연적 요인들 때문이었지. 한데 이렇게 먹이 사슬 최상위에 있는 포식자 때문에 지구 온난화가 일어나고, 그로 인해 오래된 빙하가 녹고 생물종이 대량으로 사라지는 일은 처음이라 할 수 있어.

은주 만약 가이아 이론대로 지구가 정말 살아 있는 유기체라면 크게 분노할 일이네요. 기후변화를 가이아의 복수라고 볼 수는 없을까요?

---

19 생물처럼 각 부분이 유기적으로 구성되어 생활 기능을 갖게 된 조직체

창민   그렇담, 메르스나 에볼라 바이러스, 구제역이나 조류 독감 같은 각종 바이러스가 생기는 것도 가이아의 복수라 봐야 하겠네.

지구의 허파가 신음하는 까닭은?

철학쌤   이제 이 소설의 배경인 아마존 얘기를 해볼까? 아마존의 밀림은 지구의 허파라 불리고 있어. 이곳에서 지구상 산소의 20%가 만들어지고, 이산화탄소의 5%가 흡수되고 있기 때문이지. 그런데 지난 10년간 매년 밀림이 0.5%씩 사라지고 있대. 그 이유가 무엇일까?

은주   책에서 보면 호세 볼리바르 노인처럼 가난한 사람들이 (에콰도르) 정부의 개발 정책에 따라 농사를 지으러 이주하거나, 한밑천 잡겠다고 금을 캐러 오는 것 같아요. 또, 아마존의 희귀한 동물을 사냥하러 오기도 하겠죠.

창민   「아마존의 눈물」을 보니까, 브라질의 경우는 소를 기르기 위해 목초지를 만드느라 밀림을 태우더라고. 그래서 브라질이 세계 제1의 쇠고기 수출국이 되었어. 이렇게 수출된 쇠고기는 선진국 사람들의 식탁에 오른다고 하고…. 이렇게 불타 없어진 밀림으로 인해 그 안에서 살아가던 동식물과 원주민들도 사라져가고 있어. 특히 도시로 밀려난 원주민들은 구걸을 해서 겨우 목숨을 유지하거나 갱이 되는 등 범죄의 수렁에 빠져들기도 했어.

옥수수 농장을 만들려고
불태운 아마존 우림

철학쌤   브라질에 아마존 밀림이 가장 많이 분포해 있지만 사실 아마
존을 공유하는 나라는 브라질 외에도 8개나 돼. 그런데 나라
마다 밀림을 파괴하는 이유가 조금씩 다르더라고. 예를 들면
페루는 금광 개발이 주된 이유야. 채금업자들이 금맥을 찾아
나무를 베어내고 땅을 파헤치고 있어. 또, 금을 처리하는 과
정에서 중금속인 수은을 사용하면서 수질을 오염시키고 있
지. 한데 에콰도르는 석유기업들이 아마존 정글에서 유전을
개발했어. 에콰도르 정부는 석유 수출을 통해 연간 조세 수입
의 3분의 1에 가까운 돈을 벌어들이고 있으니까, 환경보호를
위해 석유를 포기하기는 쉽지 않아. 또, 콜롬비아에서는 생계
형 농사를 짓기 위해 나무를 베고 있어.

은주   나라마다 밀림을 파괴하는 이유는 조금씩 다르지만 그 바탕
에는 공통된 욕망이 있는 것 같아요. 더 많은 부를 얻으려는
기업가들의 욕망, 식구들과 밥걱정 없이 살아보자는 빈민들의
욕망 말이에요.

147

철학쌤   잘 봤어. (^-^) 사실 서구나 우리나라 모두 남미 국가들보다 먼저 열심히 환경을 파괴하고 오염시켰지. 댐이나 도로 건설과 같은 대규모의 토목 공사를 위해 많은 삼림을 없애고, 더 많은 수확을 위해 화학비료나 농약을 마구 사용했잖아. 또, 편리한 이동과 쾌적한 생활을 위해 이산화탄소와 같은 온실 가스를 많이 배출해서 급기야는 지구 온난화 현상을 초래했고.

창민   이런 마구잡이식 개발을 뒷받침하는 사상이나 논리가 있나요?

근대 서구의 자연관 vs. 동양의 자연관

철학쌤   근대가 동틀 녘 서구에서 자연 개발을 촉진하는 자연관이 대두되었어. 영국의 경험론자인 프랜시스 베이컨은 "아는 것이 힘이다"라고 외치면서 자연 법칙에 대한 지식을 인간의 실제 생활에 유익하게 사용해야 한다고 보았어. 그는 "자연이란 여신을 무릎 꿇리고 복종케 하여 남김없이 그녀의 비밀을 털어 놓게 해야 한다", "방황하고 있는 자연을 사냥해서 노예로 만들어 인간의 이익에 봉사하도록 해야 한다"고 말하는 등 자연을 인간 중심의 관점에서 조작하고 지배해야 할 대상으로 보았지. 오늘날 동서양을 막론하고 현대인의 자연관은 "자연의 법칙을 알아냄으로써 자연을 정복한다"는 베이컨적인 사고방식으로 가득 차 있어.

은주 　자연이란 여신을 무릎 꿇리고 복종케 한다, 자연을 사냥해서 노예로 만든다는 표현, 너무 심한 것 아니에요? (잠시 침묵한 후) 그러고 보니, 오늘날 인류가 이룬 눈부신 과학기술 문명이 베이컨적 사고방식이 뒷받침되지 않으면 불가능했을 것 같아요.

철학쌤 　그렇고말고. 한데 베이컨 말고도 우리는 데카르트를 주목해야 해. 데카르트 이후 자연을 기계론적으로 바라보는 관점이 서구를 지배했거든.

창민 　자연을 기계론적으로 본다는 게 무슨 뜻이에요?

철학쌤 　근대 서구의 사상가들은 세계를 구성하는 실체를 '원자'로 보았어. 원자(atom)란 말에는 더 이상 나눌 수 없다는 뜻이 담겨 있지. 그들은 자연계를 구성하는 사물들도 입자들의 분리와 결합 등의 운동에 의해 생성, 소멸한다고 봤어. 이런 관점에서 보면 산과 강과 바다는 영험한 힘과 신비로운 이야기를 간직한 신성한 존재가 아니야. 인간의 편의를 위해 개발해야 할 대상에 불과한 거지. 또, 동물 역시 영혼 없는 기계일 따름이니까, 인간의 편의를 위해 실험하고 공장식 사육을 해도 괜찮다고 보았어.

창민 　오직 이성을 지닌 인간만이 존엄하고, 인간은 자신의 편의를 위해 기계에 불과한 자연을 마음껏 조작하고 착취해도 된다고 생각한 거군요. 이런 사고방식이 자본주의가 발달할 수 있는 토양을 이뤘다고 볼 수 있을까요?

철학쌤 　서구에서 자본주의가 발달한 배경이나 요인을 한 가지로만 설명할 수는 없어. 하지만 세계관의 변화가 자본주의 발달을 촉진하는 중요한 요인이었다는 것만은 분명해. 일단 최소 비용으로 최대 이익을 추구하는 자본주의 체제가 확립되면서 인간의 자연 개발은 엄청난 속도로 진행되지.

은주   그런데 쌤! 『연애소설 읽는 노인』에서 원주민들은 인간을 자연의 일부로 바라보잖아요. 그리고 사람이 죽으면 나비나 물고기, 동물로 환생한다는 믿음을 가지고 있었고요. 이런 생각은 우리 조상들의 생각과 비슷한 것 같아요.

철학쌤   맞아. 아메리카 원주민들의 자연관과 옛날 우리 조상들의 자연관은 서로 통한다고 볼 수 있어. 옛날 동양에서는 자연을 인간의 삶을 위해 존재하는 도구로 파악하지 않고 인간과 자연의 조화를 추구했지. 유교에서는 "하늘과 땅은 서로 느끼고 상응하고 교합하면서 끊임없이 만물을 낳고 기르는 존재"라 보고, 자연과 인간이 조화를 이루는 천인합일(天人合一)의 경지를 추구했어. 또, 도가는 유교에서 강조하는 도덕이나 예의마저 비판하고 자연의 순리에 따라 소박하게 살 것을 주장했지. 장자는 "천지가 만물을 양육할 때, 어떤 사물이라도 평등하게 대한다"고 얘기했어.

은주   이런 자연관을 가지고 있었기에 우리 조상들은 함부로 산을 깎거나 강의 물길을 틀지 않은 거죠? 또, 집을 짓거나 큰 나무를 베기 전에는 반드시 여러 신령들에게 제(祭)를 올렸다고 들었어요. 한데 연기설(緣起說)[20]을 믿는 불교가 원주민들의 자

---

20 연기를 중심으로 하는 불교 교리 체계. 연기란 모든 현상이 생기(生起) 소멸 하는 법칙을 이르며, 이에 따르면 모든 현상은 원인인 인(因)과 조건인 연(緣)이 상호 관계하여 성

연관과 더 가깝지 않나요?

철학쌤 그렇다고 볼 수 있지. 불교에서는 우주 만물이 인연(因緣)에 따라 생성하고 소멸한다고 보았어. 예컨대 "한 알의 콩이 있다고 하자. 콩은 콩이라는 식물의 원인(原因)이다. 그러나 콩이라는 종자만으로 싹이 터서 자라 열매를 맺을 수는 없다. 거기에 반드시 흙, 수분, 적당한 온도, 햇볕 등의 조건, 즉 연(緣)이 필요하다." 이처럼 만물은 원인과 조건에 따라 끊임없이 변화한다고 보았던 거야. 결국 불교에서 바라본 우주는 인간을 비롯한 동식물, 무생물까지 서로 의존하고 관련을 맺는 그물망 같은 세계라 할 수 있지.

창민 쌤 이야기를 듣다 보니, 이런 의문이 들어요. 동양이 인간과 자연의 조화를 중시하다 보니, 자연을 인간의 도구로 보는 관점을 갖고 과학 기술과 물질문명을 발달시킨 서구인들에게 지배당한 것은 아닌지…. 아메리카 원주민도 마찬가지고.

철학쌤 네 말이 옳아. 안타깝게도 자연 친화적 문명이 자연을 정복하고 지배하려는 문명에게 먹히고 말았어. 역사의 아이러니라고 할까? 그래서 오늘날 우리는 열등감 때문에 동양의 전통 사상을 버리고 서구의 자연관과 기술 문명, 그리고 자본주의 체제를 받아들였지. 특히 압축적으로 경제 성장을 이루려다 보니, 환경도 많이 훼손했고….

립하고, 인연이 없으면 결과도 없다고 본다. 아함종의 십이연기(十二緣起), 구사종의 업감연기(業感緣起), 유식종의 뇌야연기(賴耶緣起), 화엄종의 법계연기(法界緣起), 진언종의 육대연기(六大緣起) 따위가 있다.

은주 환경단체나 시민들의 반대가 거셌는데도 MB 정부가 4대강 사업을 벌인 건 너무한 것 같아요. 새로 만든 보(洑)²¹ 때문에 유속(流速)²²이 느려져 많은 구역의 물이 '녹조 라떼'로 변하고 말았잖아요.

생태주의가 등장한 까닭은?

철학쌤 그래, 당장의 건설 경기를 살리기 위해 하천 생태계를 포기한 건 정말 안타까운 일이야. (한숨) 한데 서구에서는 1950년대부터 스모그현상이나 강물과 바다, 토양 오염 등의 문제가 대두되면서 환경문제에 대한 관심이 고조되기 시작했어. 특히 1972년 로마클럽에서 낸 「성장의 한계」라는 보고서에서 현재의 성장 추세가 계속 변하지 않는 한 앞으로 100년 안에 성장의 한계에 도달할 것이라 경고했지. 이를 계기로 생태주의 사상과 운동이 확산되기 시작했단다. 독일에서는 녹색당이 제3당으로서 연립 정부에 참여하여 정부의 정책 결정에 캐스팅 보트²³를 쥐고 있고, 다른 나라에서도 녹색 운동 세력이 시민 사회와 정치권에 적잖은 영향력을 행사하고 있지.

---

21 홍수나 가뭄을 예방한다고 둑을 쌓아 만든 저수시설이다.

22 강물이 흐르는 속도를 뜻한다.

23 의회에서 두 정당의 세력이 비슷할 때 그 승패를 결정하는 제3당의 투표를 말한다. '결정권', '결정표'라고 한다.

창민　요즘 생태라는 말이 널리 쓰이는데, 대체 생태주의가 뭐예요?

철학쌤　한마디로 말해 인류의 존속을 위협하는 생태 위기를 극복하고자 하는 사상이야. 그런데 그 안에도 근본 생태주의, 사회 생태주의, 생태 사회주의 등등 다양한 담론들이 있어. 이렇게 다양한 생태주의 사상 중 공통된 특징만 얘기해볼까? 우선, 기후변화, 환경파괴, 자원부족 등의 현 상황을 생태 위기라 규정한다. 둘째, 이 위기 상황을 경제적 불평등, 인종적·성적 차별 등 사회적 문제와 연관되어 있다고 보고, 새로운 사회 패러다임의 필요성을 주장한다. 셋째, 새로운 사회 패러다임은 자연과 인간을 통합적으로 파악한다. 넷째, 자연과 인간에 대한 철학적 논의로부터 사회이론으로 확장한다. 이 사회이론에서는 대안적 경제와 정치체제, 새로운 공동체 등을 제시한다.

창민　말로만 들어서는 잘 모르겠어요. 다만 자연과 인간을 통합적으로 파악한다는 점에서 동양사상과 통하는 게 있는 것 같아요.

철학쌤　근본 생태주의의 경우 동양사상에서 영감을 얻기도 했지. 한데 생태주의가 자연과학과 사회과학의 성과에 힘입었다는 점을 눈여겨봐야 할 거야. 생태주의가 의존하는 자연과학으로는 생태학, 양자역학, 가이아이론, (비)평형열역학, 카오스이론 등이 있어. 이걸 무시하고 동양사상이나 철학적 논의만으로 지금의 생태 위기를 해결하겠다고 나서는 것은 돈키호테적인 발상이라 생각해.

은주　우리나라 이과생은 대체로 철학이나 사회문제에 관심이 별로 없고, 문과생은 자연과학에 관심이 없다는 게 비극인 것 같아요.

철학쌤   적어도 고등학교 교육과정에서 문·이과 구분을 없애는 게 필요하겠지. 2015년 개정 교육과정에서는 통합 사회나 통합 과학을 개설한다고 하는데, 그것만으로 문·이과 간의 장벽이 얼마나 허물어질지 모르겠네.

연애소설 읽는 노인의 정체는?

철학쌤   다시 소설로 돌아가자. 안토니오 호세 볼리바르라는 노인 참 별난 사람이지? 너희가 볼 땐 어때?

창민   아마존 밀림에서 노인의 위치가 애매한 것 같아요. 자연을 인간의 편의를 위해 개발하려는 문명인도 아니고, 그렇다고 원주민에 완전히 동화되어 사는 것도 아니고….

은주   맞아. 노인이 가끔 총을 쏘기도 하고, 연애소설을 즐겨 읽기도 하잖아. 그리고 수아르 족이 살인 누명을 쓸 때 적극 변호해주고. 그렇게 보면 노인은 문명인과 원주민 사이를 이어주는 사람 아닐까?

철학쌤   문명인과 원주민의 중간자이자 중개자라, 잘 봤네. (^-^) 중간자이기 때문에 노인은 우리 같은 문명인에게 밀림의 세계를 해석해주고 자연의 이치를 알려줄 수 있었던 거지. 그럼, 노인은 왜 연애소설을 좋아할까?

창민   '이따금 인간의 야만성을 잊게 해주는', '세상의 아름다운 언어로 사랑을 얘기하는'이란 문구가 기억에 남아요. 그런데 이 문구가 뭘 뜻하는지는 잘….

은주 인간의 야만성이라는 게 문명인의 야만성을 말하는 거겠죠? 백인들이 아메리카의 원주민을 죽이거나 몰아내는 것, 나중에 어떤 대가를 치를지 생각하지 않고 아마존 밀림을 마구 개발하는 것 같은….

철학쌤 그럼~. 너희는 연애가 인간을 인간답게 해주는 것 중의 하나라고 생각하지 않니? 피를 나누지 않은 사람들이 서로에게 매혹되어 진실한 사랑을 나누고, 온갖 시련 속에서도 서로를 위해 헌신하고 배려하는 일이….

창민 연애할 때 달달한 감정을 느끼는 순간이 있긴 했지만 제 경우 상처가 더 큰 것 같아요. 특히 상대를 잘 배려해주지 못했다는 후회가 지금도….

은주 전 아직 연애를 못 해봤어요. 한데 주변에 연애하는 아이들을 보면 하고 싶은 생각이 별로 안 들어요. 아이들의 관계가 평등해 보이지 않거든요. 상대를 더 좋아하는 애가 덜 좋아하는 아이에게 '을'이 되는 것 같아요. 상대의 눈치를 많이 살피고, 마음이 롤러코스터 탄 것처럼 천국과 지옥을 오락가락하는 걸 자주 봤어요.

철학쌤 연애 심리학에서는 "홀로 설 수 있는 사람만이 함께 설 수 있다"는 명제를 연애의 정석이라고 얘기하지. 청소년기의 너희가 연애 과정에서 겪는 혼란과 심리적 어려움은 대부분 이 연애의 정석과 관련된 거라 생각돼. 한데 오늘날 많은 청년들이 연애를 '몇몇 운 좋은 사람이나 누리는 사치스런 관계'라 여기고 포기한다는 게 안타까워. 그건 그렇고 '연애소설 읽는 노인'이란 제목이나 노인이 연애소설을 즐겨 읽는다는 설정은 단순히 독자의 흥미를 유발하기 위한 미끼일까?

은주　그건 아닐 성싶어요. 연애소설이란 게 문명의 한 상징이라면, 문명인들의 야만성이 끔찍하게 드러나는 아마존 밀림에서 인간다움을 추구하는 노인의 정체성을 상징적으로 표현한 건 아닐지….

창민　연애소설을 매개로 노인이 수색대원들과 읍장이랑 많은 얘길 나눈 걸 생각하면… 아직도 인간에겐 희망이 있다는 걸 보여주는 것 같기도 해요. 진실한 사랑에 대해 많은 사람들이 관심을 갖는 한, 아직도 인간에겐 인간다움이 남아 있는 거라고 말이에요!

신음하는 아마존 밀림, 그 해법은?

철학쌤　모두 좋은 해석이야. (^-^) 그런데 『유엔미래보고서 2045』는 기후변화와 관련된 어두운 일들을 예견하고 있어. 이를 테면, "2040년 한국의 해수면 상승으로 새만금, 서해안, 제주도 등에 수몰 지역이 등장한다. 2041년, 지구 평균 온도가 섭씨 2도 상승한다. 그린란드가 용융의 티핑 포인트에 도달하고 전 세계가 사막화, 홍수, 태풍으로 몸살을 앓게 된다. 아프리카는

인구의 4분의 3이 굶주리게 될 수
도 있다"고 말이지. 정말 우리는
너무 늦은 걸까? 아님, 이런 최악
의 상황을 막을 수 있을까? 그렇
다면 어떤 노력이 필요할까?

아바타 포스터(네이버 영화)

창민   노인 같은 사람이 많이 필요하겠
죠. 예를 들면 이 소설을 쓴 루이
스 세풀베다, 영화 「아바타」를 연
출한 제임스 캐머런 감독, 그리고
환경단체에서 일하는 활동가나
회원들 같은 사람들이요. 그래야 '착한 소비'를 하도록 사람들
의 의식을 일깨우고, 나라의 정책이나 법률도 환경을 보존하
는 방향으로 바꿀 수 있을 것 같아요.

은주   그런 사람들을 배출하려면 학교에서 생태문제에 대한 감수성
과 실천 의지를 길러주는 교육을 제대로 실시해야 해. 이런저
런 환경문제가 있다는 지식만 전달해서는 전혀 가슴이 움직
이지 않거든.

창민   당근이지. (^-^) 그런데 난 미디어의 역할도 중요한 것 같아. 내
경우엔 「아마존의 눈물」을 보면서 환경문제에 대해 고민하기
시작했거든.

철학쌤   학교 교육과 미디어가 중요하다? 좋은 생각이야. 그럼, 다시
아마존 밀림 이야기로 돌아갈까? 아마존 밀림을 보존해야 한
다는 주장은 이미 개발을 통해 경제 성장을 이룬 서구인들의

이기적 논리라 보는 시각도 있어. 그건 어떻게 생각하니?

창민 점점 살 터전을 잃어가는 원주민이나 동식물을 생각하면 더 이상 개발해선 안 될 것 같은데요. 그런 시각도 나름 일리가 있다고 생각해요. 그동안 온실가스를 많이 배출한 주범은 미국이나 유럽 국가들이잖아요. 그렇게 해서 자신들은 연간 1인당 3~4만 달러를 벌면서 개발을 반대하는 건 너무 속 보이는 짓 같아요. 온실가스를 줄이는 기술을 개발한다거나 자동차 사용을 줄이는 등 다른 대책이 있어야 하지 않나요? 또, 육식도 줄여야 하고요. 개인적으로 맛있는 고기를 안 먹긴 너무 힘드니까, 나라에서 육류 수입을 규제할 필요가 있다고 봐요.

은주 창민아, 네 말에 공감해. 하지만 아마존의 열대 우림은 세계 산소의 5분의 1 이상을 공급하고 매년 15억 톤의 이산화탄소를 흡수하고 있어. 또, 열대 지역은 온대 지역보다 동식물종이 훨씬 많대. 그러니까, 밀림을 파괴하는 일을 당장 중단해야 한다고 봐.

창민 그럼, 남아메리카 사람들은 계속 가난하게 살아야 한단 얘기야?

은주 아니~, 아마존의 열대우림을 개발하지 못한 데 따른 기회비용은 선진국들이 분담해야지. 물론 온실가스를 많이 배출하는 우리나라도 비용 분담에 동참해야 할 테고.

철학쌤 너희들 의견을 듣다 보니, 파리협약이 떠오르네. 2015년 12월 12일 기후변화와 관련 파리협약이 체결되었어. 이 협약에는 산업화 이전에 비해 지구 평균기온 상승폭을 1.5도 아래로 제한하도록 노력한다는 내용이 포함되었지. 그리고 선진국에만 온실가스 감축의무를 지웠던 교토 의정서와 달리 195개 당사국 모두 협약을 지켜야 해. 각국이 파리협약을 준수하려면 너희들의 의견을 정책에 고루 반영해야 할 것 같구나. (^-^)

창민   파리협약을 어길 경우 벌칙이 있나요?

철학쌤   안타깝게도 없어. 강제 조항이 없다는 점이 파리협약의 한계라 할 수 있지. 그래도 당사국들이 5년마다 이전보다 강화된 감축 계획을 제출해야 하고, 국제사회가 공동으로 감축 실태를 점검하기로 돼 있다는 점이 다행스러워~. 난 요즘 국민 행복지수 1위인 부탄이란 나라에 대해 관심이 많아. 남아메리카의 나라들이 부탄의 정책을 참조해도 좋을 것 같다.

은주   부탄이라면 히말라야 산맥 속에 있는 작은 왕국 아니에요? 국민소득은 적지만 행복한 나라라는 얘기는 많이 들었는데, 행복의 비결이 뭔가요?

부탄의 국왕 우기엔 왕척 (1907~1926)

철학쌤   부탄에 대해 먼저 소개할까? 부탄은 남한 절반 정도 크기의 영토에 대략 75만 명이 살고 있는 나라야. 1960년대엔 자동차 도로가 전혀 없고, 국민 대부분이 문맹이었대.

국민소득 51달러의 최빈국인데다, 국왕이 모든 것을 지배하는 절대군주 국가였지. 한데 부탄은 짧은 기간에 민주화와 사회·경제 발전을 함께 달성했어. 그 이유는 부탄이 "GDP(국내총생산)보다는 GNH(국민총행복)가 더 중요하다"는 발전 전략을 채택했기 때문이야.

은주 지금 부탄 국민들의 삶은 어떤가요?

철학쌤 현재 부탄의 1인당 국민소득은 약 2,500달러가 되었어. 그리고 무상교육과 무상의료를 실시하고 있지. 그 결과 부탄 어린이들은 모두 학교를 다니고 있고, 돈이 없어서 치료를 못 받는 사람도 없대. 그리고 생태계를 잘 보전하는 정책을 실시하고 있어. 이를 위해 숲 면적을 전체 국토의 60% 이상 유지해야 한다는 헌법 조항을 제정하고, 고급·고가 정책을 펴서 관광객 수도 조절한다고 해. 자세한 내용은 너희가 직접 찾아보렴.

창민 우와~, 국내총생산보다 국민총행복이 더 중요하다는 발상, 정말 멋진데요? 그리고 생태계를 잘 보존하는 정책도요. 남미 국가들이 부탄과 같은 관점으로 정책을 펼친다면 아마존도 보존되고 국민들도 행복해질 것 같아요.

은주 저는 당장 우리나라부터 발상을 바꿨으면 좋겠어요. 그래야 4대강 사업이나 산림 개발 같은 일을 안 벌일 것 아니에요? 설악산에 웬 케이블카를 설치한다고 야단들인지….

뚱보 읍장은
우리의 일그러진 자화상이었다

쌤과 은주랑 얘기를 나눈 후 『연애소설 읽는 노인』을 다시 읽어보았다. 특히 마음에 울림이 있는 문장은 노인이 했던 것처럼 천천히 소리를 내어 읽어보았다. 그래서인지, 처음 읽었을 때는 '세상에 이런 노인이 있을까' 신기하기만 했는데, 연애소설을 읽는다는 의미가 뭔지를 이해하게 되니 노인의 심리나 행동에 대해 좀 더 공감할 수 있었다. 그리고 아마존 개발로 살 곳을 잃어가는 원주민이나 동물의 아픔이 가슴에 와 닿았다.

한편 '이런 독재자가 있나?' 하며 분개하던 뚱보 읍장의 언행에서 어느 순간 우리들의 일그러진 모습을 읽을 수 있었다. 예를 들면 양키의 시체를 가져온 수아르 족을 대뜸 살인범으로 몰아세우는 대목에서 중2 때 학급에서 도난 사건이 일어났을 때가 생각났다. 그때 우리는 고아원 아이를 도둑으로 의심하고 비난했는데, 결국 다른 아이의 소행으로 밝혀졌다. 또, 암살괭이를 추적하는 과정에서 읍장이 전갈이나 순한 꿀곰을 총으로 쏴 죽이는 대목에서는 많은 것들이 떠올랐다. 교실에 들어온 벌이나 나방을 무조건 죽이는 일들, 캠핑 가서 뭔가 낯선 것들이 나타나면 두려움 때문에 없애거나 쫓아내기 바빴던 일들.

이렇듯 나와 다른 사람이나 낯선 존재를 배척하거나 없애려는 현상을 선생님은 인간의 생존 본능이나 공격 본능에서 비롯된 거라고 하셨다. 그렇담, 내가 중학교에 들어오면서 환경문제에 대한 관심이나 실천 의지가 무뎌진 것도 '튀면 까인다'는 불안감에서 비롯된 것일 게다. 중고등학교의 분위기도 그 배경으로 작용했을 테고… 사실 사회나 과학, 기술·가정 시간에 환경문제에 대해 가끔 배우긴 했는데, 단편적 지식 전달 위주여서 가슴에 와 닿는 바가 별로 없었다. 게다가 미디어는 늘 맛있는 음식, 멋진 몸매, 새로 출시된 게임, 새로 나온 스마트폰… 등등 현란한 광고로 우리를 유혹한다. 그래서 그런지 우리의 반환경적 생활방식에 대해 HR 시간에 진지하게 얘기하기도 어려웠다. 나 역시도 신상품의 유혹을 뿌리치기 힘들었고. 하지만 불편한 진실을 계속 외면하며 살 수는 없을 것 같다. 그러다간 불타는 아마존의 모습, 야오마미 부족 추장의 발언이 자꾸 떠오를 것 같다. 더구나 미래 세대가 지구상에서 계속 살아갈 권리를 지금 세대가 빼앗을 수는 없지 않은가? 무엇을 해야 할지는 아직 잘 모르겠다. 하지만 은주랑 상의하다 보면 내가 할 수 있는 일들이 보이지 않을까?

　음~, 그리고 △△에게 내 마음의 빗장을 열어야겠다. △△는 내게 호감을 갖고 있고, 나도 그 아이가 싫지 않다. 그런데 △△에게 마음이 끌릴수록 오히려 무뚝뚝하게 굴었다. 사실 또 상처받는 게 두려웠기 때문이다. 중3 때 ○○로부터 차인 후 나는 여자애랑 사귀는 걸 기피해왔다. 하지만 『연애소설 읽는 노인』을 읽고 얘기를 나누고 나니, 그런 내 모습이 무척 찌질해 보였다. 정글 속에서도 인간을 인간답게 만드는 게 연애인 것을!

정의와 불의

5 정의로운 체제는 가능할까?

계급사회의 탄생

"열차는 18년간 한 번도 쉼 없이 내달리던 레일을 탈선하여 폭주하다 멈춰 선다. 한참 후, 생사를 알 수 없는 아비규환 속에서 요나와 티미는 기적적으로 살아남아 열차 밖으로 나가게 된다. 두 아이는 모피코트를 걸친 채 설산을 오른다. 장면은 큰 화면으로 펼쳐지는데 흰곰 한 마리가 돌아다니고 있다."

영화 「설국열차」[24]의 마지막 장면이다. 두 아이의 미래는 어떻게 될까? 설산을 어슬렁거리는 흰곰은 아무런 생명체도 살 수 없을 것이라는 믿음을 깨뜨렸다. 그래서 어쩌면 희망이 있을지도 모른다. 그러나 두 아이가 생명을 유지하고 다시금 문명을 일으키기에 혹한과 설산은 넘기 힘든 장벽일지 모른다. 결국 보는 이들이 판단할 몫이다. SNS에 영화를 본 소감을 올렸더니 댓글이 몇 개 달렸다.

---

24 2013년 8월 1일 대한민국에 공개된 영화이다. 장 마르크 로셰트와 자크 로브의 동명의 프랑스 만화 『설국열차(Le Transperceneige)』를 원작으로 한 영화다. 봉준호가 감독을 맡았으며, 각본은 봉준호와 켈리 마스터슨, 음악은 마르코 벨트라미가 맡았다.

수현
17분 전 · 수정됨 ▼

오늘 설국열차 봤음. 예고편 보고 엄청 기대했는데 액션은 잔인
하기만 하고 별로여서 조금 실망. 그렇지만 박진감도 있고 스토
리도 꽤 재미있었음. 참, 마지막에 살아남은 아이 둘은 결국 어떻
게 되는 거지?

좋아요 · 댓글달기 · 공유하기

　액션이 화려하지 않다고? 난 그럼 설국열차 패스! 제작비 엄청 들였다던데…
　영화는 뭐니 뭐니 해도 재미가 있어야지! 액션이 들어갈 땐 화끈하게!

　　영화에 대한 평가가 조금 극단적이라고 하더군. 엄청난 제작비와
　　광고 효과 때문에 관객이 많을 뿐이라는 이야기부터 잘 짜인 시나
　　리오를 바탕으로 여러 상징과 의미가 많아 단순한 흥밋거리로만
　　볼 수 없고 오히려 아주 잘 만들어진 영화란 평가까지.

　　관객보다 평론가들이 더 호평했다던데? 난 볼 땐 몰랐는데 곰곰
　　이 생각해보니 몇 가지 궁금증도 생기고 자꾸만 생각나긴 해.
　　무엇보다 열차에서 2인자 역할한 배우, 연기를 아주 잘하던데!

　　수현이가 설국열차를 봤구나! 삼촌이 볼 땐 열차 안에서 벌어졌
　　던 장면들 하나하나 오늘날 세계 혹은 한국사회를 은유적으로
　　표현하고 풍자하고 있지 않나 싶어. 난 아주 재미있게 보기도 했
　　지만 이야기 거리가 아주 많은 영화인 것 같아.
　　인류의 미래, 계급사회, 자본주의, 정의 등등…

　마지막 댓글은 삼촌 것이다. 삼촌은 건축가이지만 영화를 아주 좋아할 뿐만 아니
라 철학이나 문학과 같은 인문학에도 관심이 많으시다. 가끔 영화 감상평을 나누다
보면 세상 이야기나 우리들이 미처 알지 못하거나 생각하지 못했던 부분에 대해 서
로 이야기를 나누게 된다. 난 그런 시간이 참 좋다.

삼촌이 적은 '계급사회'란 단어를 보며 영화에서 열차 칸이 나뉘어 있고, 넘어 다니기 매우 힘든 점이 계급을 보여주는 것 같다고 생각했다. 인정하고 싶지 않지만 한국사회는 이미 계급사회로 들어선 것 같다. 가난한 사람과 부자인 사람 사이에 벌어지는 소득 차이 못지않게 사는 동네, 진학하는 대학, 자주 가는 곳 등이 많이 다르다. 서로 만나고 대화를 나눌 일이 없어지고 있다. 영화에선 꼬리 칸 사람들은 좁고 더러운 곳에서 배고프게 지내야 하는 반면, 엔진 칸 바로 앞에선 사람들이 술과 약물에 빠져 제정신이 아니다. 이들은 서로 결코 마주칠 일이 없다.

이번엔 나름대로의 내 생각을 삼촌이 한 말에 댓글로 달았다. 그러자 삼촌이 영화를 한 번 더 보고 함께 이야기해보자고 제안하셨다.

> 삼촌, 계급사회는 알겠는데 '정의'는 뭐예요? 나쁜 놈을 물리쳐야 정의로운 거 아니에요? 근데 설국열차를 만든 윌포드는 그렇게 많이 나빠 보이진 않아요. 어떻게 보면 인류를 빙하기에서 구하기도 했고…

>> 수현아, '정의'를 언급한 건 불의를 소탕해 정의롭게 만든다는 이야기도 있지만, '정의로운 체제'를 이야기해볼 수 있어서야.
>> 우리 다음 주에 만나서 영화 이야기 더 해볼까? 설국열차를 다시 보면서 이 열차를 18년간 달릴 수 있게 한 동력이 무엇인지, 혁명 대장 커티스가 엔진 칸에 가서 윌포드에게 설득 당해 설국열차의 새로운 지배자가 될 뻔한 이유를 따져보렴.

>> 한 번 더 보라고요? 내가 좋아하는 봉준호 감독 영화니까 한 번 더 보는 것도 괜찮긴 한데, 용돈이 좀…, 흐흐 좋아요. 삼촌께서 용돈을 좀 주시겠죠, 뭐. 첫째 물음에 대한 답이 분명히 단답형으로 '영구 동력 엔진'은 아닐 테고…. 아무튼 재미있겠네요.
>> 다음 주에 봬요.

설국열차

지구온난화에 대한 부적절한 대처로 지구는 갑자기 빙하기를 맞이하게 되고 모든 생물은 얼어 죽게 되었다. 무한 동력 엔진으로 전 세계를 1년에 걸쳐 순환하고, 완전한 자급자족 시스템을 갖춘 초호화 크루즈 열차만이 얼어붙은 지구 위를 질주한다. 이름 하여 '설국열차'. 기차가 출발하기 전 대량의 인구가 기차에 무임승차하고, 그들은 꼬리 칸이라 불리는 가장 끝 칸에 감금된다. 질주하고 있는 기차의 맨 끝, 꼬리 칸에서는 방탄복과 방탄모, 총으로 무장한 군인들로부터 주기적으로 단백질 블록이란 유일한 먹을거리가 한 사람당 한 개씩 배급된다.

꼬리 칸의 지도자 커티스는 그런 상황을 묵묵히 지켜보고 있었다. 꼬리 칸의 정신적 지주인 길리엄과 상담하면서, 그리고 반란을 성공시키기 위해 모든 것을 분석하고 있는 중이었다. 그러던 어느 날, 꼬리 칸이 반란을 준비하고 있는 도중 점호 시간이 바뀌어 군인들이 들이닥치고 반란이 들통 날 위기에 처하자, 에드가는 소란을 일으키고 커티스는 소란이 일어난 틈을 타 위험한 도박을 한다. 앞 칸을 지키는 군인들의 총에 총알이 있는지 없는지 확인하기 위해 총구를 자신의 머리에 대고 방아쇠를 당겨본 것. 총에 총알이 없음이 확인되자 파죽지세로 나아간 꼬리 칸 사람들은 감옥 칸까지 나가는 데 성공한다. 커티스는 이곳에서 보안 설계자인 남궁민수(크로놀 중독자로 가장하고 있다)를 찾아내고 그에게 문 하나를 열면 크로놀 하나를 주겠다고 회유한다. 결국 계속 앞 칸으로 전진하던 그들은 앞쪽 칸의 대규모 진압군과 마주하게 된다. 한바탕의 유혈 사태가 벌어지던 도중 열차는 선로에 내려앉은 거대한 얼음 장애물들을 뚫고 지나간다. 곧 갑자기 열차의 전등이 꺼지고 긴 터널을 지나가며 열차는 완전한 암흑 상태에 빠진다. 진압군은 야간 투시경을 다수 보유하고 있어서 일방적으로 꼬리 칸 사람들이 학살당하던 중, 꼬리 칸의 중국인 소년 챈이 남궁민수로부터 훔쳐놨던 성냥을 그어 횃불을 만들어 전해줌으로써 상황은 역전된다.

진압군과의 전투는 승리했지만 꼬리 칸 사람들은 너무 지치고 다쳐 계속 반란을 유지하기 힘이 든 지경이다. 길리엄은 여기까지 온 것은 그 누구도 못한 일이니 이쯤에서 반란을 그만두고 돌아가자고 말하나 커티스는 기회를 놓칠 수 없다면서 앞 칸으로 나아가겠다고 말한다. 앞 칸들은 꼬리 칸과는 정 반대로 아늑하고 깨끗한 곳이었다. 그들은 아쿠아리움 칸에서 잠시 초밥을 즐긴다. 그러다 다다른 교실 칸에서는 만삭의 선생님이 아이들에게 윌포드를 찬양하고 기차 밖으로 나가면 얼어 죽는다고 세뇌 교육을 하고 있었다. 온갖 고생을 겪어가며 마침내 엔진실 앞에 다다른 커티스, 남궁민수, 요나. 커티스는 엔진실을 앞에 두고 옛날 얘기를 한다.

무임승차로 처음 꼬리 칸에 탄 사람들은 윌포드의 군인들에게 모든 것을 빼앗겨 식량도 물도 없이 한 달 남짓 방치되어 있었다. 굶주린 사람들은 급기야 서로 잡아먹기 시작한다. 어느 날, 칼을 든 남자들이 자신의 아기를 숨기려던 여자를 죽이고 아기를 잡아먹으려 한다. 그때, 한 노인이 나타나 자신의 한쪽 팔을 아기 대신 먹으라며 잘라주어 아기를 구해주었다. 이 노인이 길리엄이고, 아기는 에드가였다. 그리고 자신이 바로 칼을 든 남자였다고 고백한다. 그 일 이후 너도 나도 자신들의 팔이나 다리를 내놓았고, 커티스도 한 쪽 팔을 내놓으려고 했으나 차마 그럴 수가 없었다며 울먹인다. 커티스는 이렇게 열차를 만들어놓은 윌포드를 18년간 증오했다고 털어놓으며 제발 엔진실 문을 열어달라고 한다. 그러나 남궁민수의 궁극적인 목적은 엔진실의 문을 여는 것이 아니라, 바깥세상으로 나가는 문을 열어 열차를 탈출하려는 것이었다. 남궁민수는 사람들이 18년간 닫혀 있는 문을 마치 벽처럼 생각하지만, 그저 '문짝'에 불과할 뿐이라고 말한다. 바깥의 상황 변화 때문에 나가서도 살 수 있다는 희망을 품고 생각을 바꾸게 된 것이다.

이들은 과연 어떻게 되었을까?

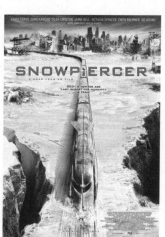

설국열차
국내 개봉 포스터(네이버 영화)

설국열차
베를린 영화제 특별 포스터(네이버 영화)

같은 것은 같도록,
다른 것은 다르도록!

난 모자, 너흰 신발. 난 머리 위, 너흰 발 밑!

삼촌   영화를 두 번째 보니 어땠니? 새롭게 보이는 게 있던?

수현   네… 더 재미있던데요. 삼촌 질문을 기억하면서 보니까 처음과 다른 면들이 눈에 들어오더라고요. 그래도 가장 인상적이었던 건 열차 내에서 넘버 2이면서 총리 역할을 한 메이슨의 연기와 대사였어요. 그녀를 패러디한 영상이 꽤 여럿 있더라고요. 표정 연기가 압권이었죠.

삼촌   그렇지? 메이슨은 사실상 열차의 체제를 유지하고 조종하는 윌포드의 의지를 대변해 앞잡이로 행동하는 인물이지. 그래서 영화 초반, 열차의 체제를 긴 연설을 통해 잘 말하고 있어.

수현   맞아요. 메이슨이 신발을 던진 사람을 처벌하면서 말하잖아요? "열차 안에 있는 모두는 각자 정해진 자리를 지켜야 한다. 애초부터 점지된 바로 그 자리 말이야! 난 모자, 너흰 신발이야. 난 머리 위, 너희는 발 밑. 발 주제에 모자를 쓰겠다는 건 성역을 침범하겠단 얘기지. 자기 주제를 알고 자기 자리를 지킨다. 내 발 밑에서!" 아주 기분 나쁘지만 인상적이었어요.

삼촌 왜 메이슨의 대사에 네 기분이 나빠졌을까?

수현 사람들이 평등하지 않다고 말해서 그런 것 같아요. 누구는 머
리로 태어나고, 누구는 발로 태어난다고 하는 건데, 요즘이
뭐 양반이나 천민이 따로 있는 시대도 아니잖아요? 그런 말을
누가 좋아해요?

삼촌 그런데 말이다. 메이슨은 이런 이야기도 덧붙이거든. "애초에
각자의 자리는 여러분의 탑승권에 따랐죠. 일등석, 이코노미
그리고 무임승차를 한 당신들!" 설국열차에 올라 탈 때 돈을
지불한 탑승권에 따라 타는 칸을 달리 지정했다면, 그런데 누
군가가 다른 칸으로 이동하려 한다면 괜찮을까?

수현 제 생각에는 그건 좀 곤란해요. 값을 지불했다면 그만큼을
누려야 하지 않을까요? 그런데 영화에선 꼬리 칸의 사람들을
억압하고 함부로 대하잖아요. 그러면서 가만히 시키는 대로
하라고만 하고!

삼촌 그러면 수현아, 네 생각에는 꼬리 칸 사람들을 억압하지만 않
았다면 그렇게 나뉘어 이동하지 못해도 별 문제 없다는 뜻이
니? 과연 평생 동안 그래도 괜찮을까? 아무튼 이 이야기는 조
금 후에 다시 이어가고. 난 최후 생존자로 남은 여자아이에게
관심이 가던데. 열차 안에서 태어났고, 아주 뛰어난 청각을 갖
고 사람들이 앞 칸으로 나가는 데 큰 역할을 하잖아.

수현 요나요? 아빠인 남궁민수는 영어를 못 하는데, 이 친구는 영
어로 자연스럽게 다른 사람과 이야기하며 아빠와 다른 사람

들 사이에서 통역도 아주 잘해요. 결국 최후에 살아남는 두 명 중 한 사람이 되고요.

삼촌 감독이 이름을 '요나'로 정하고 듣는 능력이 뛰어난 아이로 설정한 게 다 이유가 있는 것 같아. 요나는 성경에 나오는 인물이거든. 선지자인데 신의 뜻을 어겨 물고기 뱃속에 들어가게 되지. 결국 살아나와 신의 말씀을 전하게 되는 인물이야. 그런데 영화 속 요나는 설국열차가 달리고 나서 태어났기 때문에 흙이 무엇인지, 땅을 밟는 느낌이 어떤지 전혀 몰라. 또 계절 변화에 대해서도 모르지. 그렇지만 뛰어난 청각과 언어 능력을 통해 다른 사람들과 잘 소통하면서 결국 새로운 세상을 준비하고 시작하는 인물이 되지.

수현 그래서 남궁민수는 딸인 요나의 능력을 잘 알기 때문에 그녀를 늘 곁에 두려 했을 뿐만 아니라 최후엔 자신이 죽어가면서도 요나를 살리는 것 같아요. 물론 하나뿐인 자기 딸이니 살리고 싶었겠지요. 결국 남궁민수와 요나가 협력해서 열차의 엔진실에도 갈 수 있었고, 요나의 결정적 역할로 열차 밖으로 나가는 데 성공할 수 있었어요.

어떻게 18년간 설국열차는 달릴 수 있었을까?

삼촌 자, 그럼 이제 다시 메이슨 이야기를 좀 더 해볼까? 그 전에 지난 주 네게 던진 두 가지 질문 기억나니? 그중 첫 번째 질문과 메이슨 이야기는 서로 관련 있는 것 같다. 수현이는 어떻게 생각하니?

수현 물론 설국열차가 18년 간 달릴 수 있었던 건 영구 동력 엔진이 있기에 가능했겠지요. 덧붙여 메이슨이 한 연설과 그녀의 역할도 매우 컸고요. 즉, 열차의 에너지는 영구 동력 엔진에서 얻지만 많은 사람들이 내분이나 반란으로 서로를 몰살시키지 않고 살 수 있었던 건 메이슨의 연설처럼 각자가 자기 역할에 충실했기 때문 아닐까요?

삼촌 네 대답이 맞아. 앞서 이야기했듯이 메이슨은 계급사회를 적극 옹호하는 발언을 한다. 물론 나중에 월포드도 '균형'을 이야기하며 비슷한 이야기를 한다만…. 게다가 꼬리 칸 사람들을 총과 힘으로 억압하고 있으니 독재체제라고도 할 수 있지. 그런데 말이다. 만약 처음부터 사람들이 객차 사이를 넘어 다닐 수 있었다면 설국열차는 어떻게 되었을까?

수현 꼬리 칸에 탄 사람들도 안락한 생활을 하고 싶다고 했겠지요. 초밥도 먹고 싶어 했을 거고요. 그렇게 된다면 열차는 훨씬 많은 에너지가 필요한 상황이 될 테고…. 그런데 일정한 에너지를 소모하여 영원히 달리려고 했던 설국열차는 애초에 그렇게 설계되지 않았을 것 같아요. 그러고 보니 왜 처음부터 무임승차자들을 태운 거죠?

삼촌 그러게 말이다. 나도 처음엔 좀 이상하다고 여겼지. 영화 전개를 위한 억지가 아닌가 싶기도 했고. 그런데 곰곰이 생각해보니 이럴 수도 있겠다 싶은 거지. 영화에서 심심치 않게 앞쪽 칸에서 사람들을 데리고 가잖아. 예를 들면 바이올린 연주자나 아이들을 필요에 따라 차출해 가잖아. 그런데 앞쪽 칸에는 꼬리 칸보다 사람 수가 적어야 안락한 생활이 가능하지. 그 대신 에너지는 많이 소비하지만. 또, 그런 생활이 유지되기 위해선 무조건 봉사하는 일손이 필요해. 필요에 따라 데려다 쓸 수만 있다면 무임승차자인 꼬리 칸 사람들이 있다 하더라도 크게 손해 보는 일은 아닐 거야. 다만 그들 다수가 앞 칸으로 오지 않는다는 전제 아래서 말이야.

수현 삼촌 말을 들어보니 그러네요. 만약 꼬리 칸 사람이 없었다면 승객이나 관리자가 허드렛일이나 험한 일도 해야겠지요. 이때 꼬리 칸 사람들은 아주 제격이네요. 사람 수도 많은데 에너지는 그다지 많이 사용하지 않으니. 그러니까 앞 칸의 요구나 필요한 부분을 늘 채워줄 수 있는 꼬리 칸 사람들을 없앨 이유가 없겠네요. 그런데 만약 꼬리 칸 사람들이 스스로 앞 칸으로 가고자 한다? 그렇다면 이야기는 달라지겠지요?

삼촌 그래. 그래서 메이슨과 같은 사람이 필요하고 그녀가 그렇게 연설하는 까닭이지. 때론 가혹한 처벌을 공개적으로 보여주기도 하고. 결국 독재나 전체주의 체제로 열차를 유지시키고 있잖아. 이런 체제를 잘 유지하려면 몇 가지 요소가 있어야 하거든. 그게 뭔지 알겠니?

수현 글쎄요, 금방 떠오르진 않아요. 우선 메이슨의 연설에서도 보았듯이 억압을 통해서든 교육을 통해서든 확실한 계급의식을 심어놓는 게 꼭 필요하겠지요. 뭐, "각자 주어진 역할이 다르

174

므로 자기 자리를 지켜야지 함부로 다른 자리를 넘보지 말아라" 같은 계급의식이요.

삼촌 그래, 네 말이 맞다. 그래서 메이슨은 그토록 열정적으로 자기 위치를 잘 알고 지켜야 한다고 연설했을 거야. 그런데 재미있는 건 우리는 잘 모르지만 메이슨의 말투 속에 영국 노동자들의 억양이나 단어가 문득 튀어나오기도 한다는구나. 그래서 그녀가 과거에 꼬리 칸 사람이었을지 모른다는 이야기도 있어. 만약 그렇다면 어처구니없으면서도 재미있지 않니?

수현 네? 정말 그렇다면 좀 화나면서도 웃기네요. 꼬리 칸 사정을 모르지 않을 텐데, 그렇게 사람들을 무시하고 억압하다니요.

삼촌 열차 체제를 유지하기 위한 또 다른 장치는 없을까? 교실이 등장하던데?

수현 네… 열차 앞 칸으로 진출하면서 교실 칸에 들어갔을 때, 윌포드의 어린 시절에 관해 아이들이 환호하고, 기차 밖으로 나가면 죽는다는 교사의 설명(사실 선전에 가깝지만)에 아이들은 반복적으로 대답(환호하고 소리 지르는 것에 가깝지만)하던 모습이 생각나요. 특히 임신한 선생님은 거북하기도 했고 인상적이었어요. 교실이긴 한데 교육이 맞나 싶어요. 오히려 세뇌가 아닌가요? 그러면 세뇌가 아닌 교육은 뭘까요?

삼촌 그야 선생님들께서 더 잘 아시겠지. 다만 나는 교육이 누군가의 목적을 이루는 데 동원되어선 안 된다고 생각해. 아이들 스스로 생각하고 판단하게끔 해주어야 교육이라 할 수 있지 않을까? 또 백과사전 식으로 사실을 전달한다거나 수학 공식과 과학 법칙을 설명해주는 것 못지않게 교육 내용에 대한 자유로운 비판이 허용되어야 하고. 음, 거기에 미래와 다른 세계에 대해 열려 있는 지식을 전달할 수 있어야 하지 않을까? 좀 더 자세한 건 학교 가서 선생님께 여쭈어보렴. 그럼 또 열차 체제를 유지하고 있는 요소를 더 찾아볼까?

수현   혹시, 이런 것도 해당될 수 있을까요? 꼬리 칸 사람이나 앞 칸 사람들이 체제에 대해 문제를 제기하거나 맞서면 처단을 당한다는 공포심을 불러일으켜 저항하지 못하게 만드는 거요. 그러다 보니 무력감에 빠져 그냥 반복되는 일을 수행하며 지내는 거죠. 그러면 독재 체제는 잘 유지될 것 같은데요?

삼촌   잘 짚어주었어. 아주 중요한 지점인 것 같아. 모든 사람들에겐 어느 정도 생존에 대한 불안과 두려움이 있단다. 하지만 문제는 독재 체제에선 이 불안과 두려움을 체제 유지를 위해 인위적으로 조장하거나 방관해버려. 엔진 앞에 도달한 커티스에게 윌포드는 비슷한 이야기를 하지. 사람들에게 불안, 근심, 재앙 그리고 두려움 간에 적절한 균형을 유지하려고 다툼이나 반란을 조장하고 허용했다고 말이야.

수현   그렇다면 독재 체제의 주기적인 학살은 이렇게 볼 수 있나요? 체제를 유지하기 위해 그때그때 학살을 통해 인구를 조절한다고 말이에요.

삼촌   그래 맞다. 영화에서 보면 윌포드가 일정 주기마다 발생한 반란이나 그에 따른 학살을 꼬리 칸의 정신적 지주인 길리엄이 동의해왔다고 말하잖아. 그 얘길 듣고 커티스는 거의 멘붕에

조지 오웰의 『동물농장』
초판본 표지

어느 날 밤, 〈7계명〉이 쓰인 창고벽 바닥에서 부러진 사다리와 함께 발견된 스퀼러[25]. 옆에는 페인트를 칠하는 붓과 하얀 색 페인트 통이 놓여 있다(8장). 노먼 페트와 도널드 프리맨이 그린 삽화(1950).

빠지고. 어쨌든 조지 오웰의 『동물농장』에도 독재 체제를 유
지하기 위해 곧잘 학살을 자행하잖아. 인구를 조절하고 공포
심을 조장하려고 말이야.

수현   마지막은 크로놀로 상징되는 중독 내지 환각을 말하는 것이
지요? 심신을 파괴하는 마약의 경우 독재 체제에서도 장려하
기보다는 금지하고 처벌하지 않나요?

삼촌   그래, 독재 체제에서 마약을 금지하긴 하지. 그런데 영화 속
에서 크로놀이라는 환각제는 정치적 비판의식이나 자기 삶
에 대한 각성을 방해하며 개인적 쾌락에만 빠져들게 하는 것

---

25   조지 오웰의 『동물농장』에 나오는 돼지로 소설 속에서 처음으로 두 발로 걸은 돼지다.
나폴레옹(스노볼을 쫓아내고 독재자가 된 돼지로 스탈린을 상징한다)의 영원한 충복이
다. 동물농장의 동물들이 나폴레옹에게 충성하도록 애를 쓴다.

을 상징하는 게 아닐까 싶어. 좀 더 부연하자면 독재 체제는 일반 사람들이 체제에 반발하지 않고 그대로 맹목적으로 살게 하는 수단으로 흔히 3S라고 불리는 성(sex), 스포츠(sports), 영화(screen)에 빠져들게 한다는 거야. 그러면 사람들은 자연스럽게 정치에 무관심하게 되고 개인적인 쾌락에 빠져들지. 비판의식이나 자기반성이 없다면 독재 체제 유지에는 도움이 되겠지.

수현 이렇게 이야기하다 보니 계급사회를 옹호하며 폭력과 억압, 세뇌, 환각제 등을 이용하는 전체주의 체제나 독재 체제는 타파해야겠다는 생각이 들어요. 사람들을 죽거나 고통스럽게 만들고 자기 삶의 주인으로 살지 못하게 하는 바르지 못한 체제니까요. 그런데, 생각해보면 조금 이상해요. 아무리 여러 장치가 있다고 하더라도 이처럼 분명한 독재 체제가 18년간 유지될 수 있었다는 게 말이에요.

삼촌 아주 중요한 물음이야. 그런데 설국열차를 독재 체제 혹은 전체주의 체제로만 해석하고 이를 타파하는 것에 초점을 맞춘다면 충분한 해석이라고 할 수는 없을 것 같아. 왜냐하면 다른 측면에서 이 영화는 2013년 한국사회 및 전 세계 상황을 풍자하고 있거든. 그러니까 현재 한국에서 진행되고 있는 양극화가 더욱 더 심해진다면 새로운 계급사회가 될 수 있고, 이것은 독재나 전체주의 체제로 나갈 수 있다는 경고일 수도 있어. 또 한편으로 좀 더 넓은 눈으로 볼 때, 꼬리 칸은 계층 이동이 불가능하고 독재가 횡행하는 아프리카 저개발국들이며,

앞 칸 사람들은 유럽이나 미국과 같은 선진국이라 볼 수도 있어. 꼬리 칸 사람들의 값싼 노동력과 열악한 생활 조건이 밑받침되어 앞 칸 사람들은 넓고 안락한 생활뿐만 아니라 고상한 취미활동을 누릴 수 있다는 것이지. 그런 면에서 영화 마지막에 흑인과 아시아 어린이 둘만 살아남았다는 게 꽤 상징적으로 보여.

수현   삼촌 이야기를 듣고 보니 영화를 참 여러 가지로 해석해볼 수 있다는 생각이 드네요. 신기하기도 하고 재미있어요. 삼촌! 그렇다면 사람들을 부당하게 죽이거나 고통스럽게 만들고 자기 삶의 주인으로 살지 못하게 하는 체제는 나쁘지 않나요?

정의로운 체제, 정의란 무엇인가?

삼촌   맞아. 설국열차를 좋은 체제라고 생각하는 사람은 많지 않을 거야. 그렇지만 설국열차 체제가 좋지는 않아도 어쩔 수 없다고 생각하는 사람도 꽤 있을 거야. 왜 그럴까?

수현   어쩔 수 없다고 생각하는 사람이 있다고요? 전 설국열차 체제는 빨리 없애야 한다고 생각하는데, 어쩔 수 없다니⋯. 잘 모르겠는데요? 삼촌 이야기를 들으니 좋은 체제 즉, 정의로운 세상이 궁금해져요. 나아가 '정의'란 무엇일까 하는 것도요.

삼촌   수현이가 제법 철학적인 물음을 던지기 시작하는구나. 근본적이고 포괄적인 질문을 하는 걸 보니. 오오, 대단한데? 그럼 너는 어떤 때 '정의'를 떠올리니? 아이들 만화처럼 악당을 때려잡고 지구를 지키는 일?

수현 　네, 악당을 물리치는 건 정의로운 일 아닌가요? 그런데 실제로는 어렸을 때 봤던 만화처럼 악당이 분명하게 보이지는 않아요. 저는 정의란 모두에게 기회를 똑같이 주는 거라고 생각해요. 계급사회가 불의한 건 계급에 따라선 어떤 기회도 얻지 못하는 사람이 생겨나기 때문이죠. 또 사회나 국가가 억울한 일을 당하는 사람이 없도록 만들어주어야 정의로운 게 아닐까요?

삼촌 　오호~ 제법이야. 정의에 관해서는 굉장히 많은 쟁점과 이론이 있어. 오늘은 간단하게 몇 가지만 이야기해보자. 먼저 "힘이 곧 정의다"란 주장이 있단다. 이 주장에 대해 어떻게 생각하니?

수현 　여기서 힘이란 최홍만처럼 힘이 센 걸 뜻하나요? 그렇지는 않을 것 같고. 아마도 파워 즉, 사람을 마음대로 할 수 있는 돈의 힘이나 정치권력을 말하는 거겠죠? 돈이든 권력이든 힘이 강한 사람이 자신의 뜻대로 세상을 좌지우지하는 걸 보면 그럴 수도 있을 것 같아요. 현실적으로도 그렇지 않나요? 물론, 선뜻 동의할 수는 없지만.

삼촌 　글쎄, 과연 그럴까? 힘이 곧 정의라고 할 때, 힘은 어떤 힘일까? 올바른 과정을 통해 획득한 힘이라면 정의라고 할 수 있겠지만, 말 그대로 어떻게든 폭력이나 무력으로 눌러 무엇을 얻었을 때, 그걸 정의라고 할 수 있을까? 그것은 '정의'라고 주장하는 것일 뿐 정의라고 할 순 없겠지. 정의라고 주장한다고 해서 정의가 되는 건 아니잖니? 쿠데타로 정권을 획득한 후, 쿠데타는 나라를 위해 어쩔 수 없는 선택이었으며 쿠데타가 성공했으니 정당성은 확보되었다고 주장한다고 해서 정의롭다고 할 수 없으니까.

수현 그렇다면 결국 '힘이 곧 정의'라고 하려면 정당한 힘과 부당한 힘이 구별되어야 하겠네요. 무조건 힘으로 지배하게 되었다고 해서 정의라고 할 수는 없을 테니까요.

삼촌 네 말이 맞아. 그래서 힘을 얻는 과정이 정의로워야 한다는 주장이 설득력을 얻기도 해. 또 한편 정의에 대해 다른 방식으로 이야기하는 철학자가 있어. 플라톤의 경우는 정의에 대해 이렇게 이야기해. "국가가 바로 정의를 실현하기 위해 존재하는 인간 공동체"라면서 정의와 국가를 하나로 묶어서 설명하지.

수현 삼촌, 플라톤은 소크라테스의 제자이지요? 제가 알기로는 아주 좋은 가문에서 태어났고, 당시 최고 엘리트 교육을 받았다던데. 플라톤은 어떻게 정의를 국가와 하나로 묶어서 설명하지요?

삼촌 플라톤에 대해서 그만큼이나 알고 있다니, 역시 수현이는 요즘 아이들 같지 않게 철학에 관심이 많다니깐! 날 닮아서 그런 거지? 그래, 설명해주마. 플라톤은 정의가 무엇인지를 먼저 국가에서 찾은 다음, 그 결과를 개인에게 적용시켜. 그러니까 국가가 건강하고 강하고 통합되고 안정되어 있다면, 그 국가는 정의롭다는 거야. 즉, 국가는 국가를 구성하는 모든 사람들이 각자 자기 역할에 충실해야 한다고 주장하지. 지배자 계급은 정치를 잘함으로써 지배하고, 전사 계급은 용기 있게 나

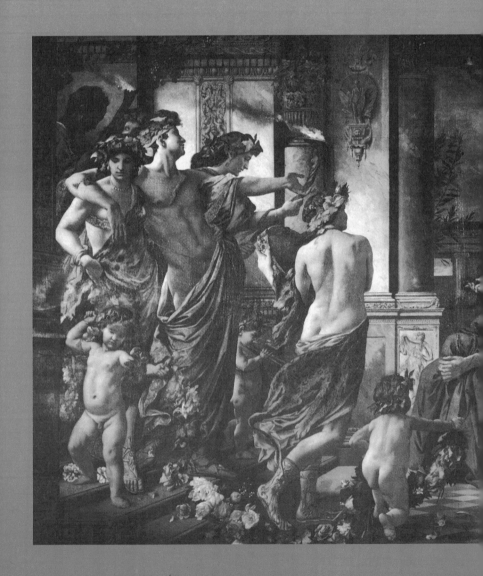

가서 잘 싸우고, 생산자 계급은 열심히 잘 일하면 모든 것이
조화롭게 되고 이로써 정의로운 국가가 된다는 거야. 어때? 그
럴 듯하게 보이니?

플라톤의 향연 안셀름 포이어바흐, 1873.

플라톤과 스승 소크라테스

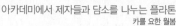

아카데미에서 제자들과 담소를 나누는 플라톤
카를 요한 윌봄

수현   많은 선생님들이 방금 삼촌처럼 이야기하지 않나요? 학생은 공부를 열심히 하고, 정치인은 정치를 열심히 하면 우리나라가 부강하게 될 거라고요. 플라톤의 주장대로라면 강하고 꽤 괜찮은 국가가 될 수 있을 것 같네요. 그런데 그것이 어째서 정의로운지는 솔직히 잘 모르겠어요.

삼촌   플라톤은 철학자로선 가장 먼저 정의에 대해 체계적으로 주장한 사람이야. 그런데, 플라톤의 이 같은 정의에 대한 입장은 오늘날의 정의와는 조금 차이가 있어. 물론 오늘날에도 자신의 역량이나 재능에 맞는 역할을 충실히 수행하는 개인들이 모였을 때 어떤 집단이 훌륭하게 될 수는 있어. 이때, 우선하는 건 개인의 능력이 원하는 곳에서 제대로 발휘되어야 한다는 전제지. 그런데 플라톤의 경우, 개인은 무엇보다 전체의 이익에 도움이 되는 측면에서 부분적인 역할을 수행해야 한다고 봤어. 어떤 개인이 싸움을 좋아하고 잘해서 전사가 되기보다 전사로 배치되기 위해 싸움 능력을 키운 다음 전사 역할을 수행하는 거야. 그러다 보니 이후 전체주의나 집단주의를 호소력 있게 설명하는 근거로 사용되기도 했지. 그래서 어떤 이는 플라톤을 전체주의 사상의 철학적 원조라고 강하게 비판하기도 해.

수현 아, 그래요? 그런데 플라톤은 철학을 위해 순교한 소크라테스의 제자이고, 그리스 철학을 체계적으로 정리해서 "서양 철학사는 플라톤 철학의 주석일 뿐"이라는 말이 나올 만큼 엄청난 철학자가 아니던가요? 그런데 그가 말하는 '정의'가 전체주의를 지지하는 데 쓰일 수 있다니, 정말 뜻밖이네요.

삼촌 수현이가 플라톤에게 기대하는 마음이 커서 그가 말한 '정의'에 대해 자세히 알고 나니 조금 실망스러운가 보다. 그런데 말이야, 어떤 철학을 평가할 때는 항상 그 시대 상황을 고려해야 한단다. 오늘날의 관점에서 보면 문제가 있지만 계급사회였던 그 당시를 고려해보면 플라톤 철학은 꽤 진보적이었다고 평가할 수도 있어. 특히 대부분 전제국가였던 시기에 국가가 어떠해야 하는지를 종합적이고 체계적으로 제시했다고 볼 수 있거든.

수현 네…, 물론 플라톤이 뭔가를 이룩해놓은 게 있으니 2,500년이 지난 지금까지도 우리가 이러쿵저러쿵 이야기하겠지요? 그냥 전 플라톤은 지금 봐도 놀라울 만한 주장을 하리라 기대했던 거 같아요. 기대가 커서 실망도 큰가? 헤헤…. 그러면 정의에 대한 다른 주장은요?

삼촌 이번에는 플라톤의 제자인 아리스토텔레스가 정의에 대해 이야기한 걸 소개해줄게. 너도 알겠지만 플라톤의 제자 아리스토텔레스는 사사건건 스승인 플라톤과 다른 입장을 보였어. 아리스토텔레스는 우선 '정의'란 "사람들에게 그들이 마땅히 받아야 할 것을 주는 것"이라고 정의(定義)했지. 그러니까 권리, 소득, 기회, 부, 권력, 명예 등 많은 사람들이 원하지만 무한정 얻을 수는 없는 것들에 대해 받을 자격이 있는 사람들에게 돌아가도록 하는 것이 '정의'란 것이지.

아리스토텔레스
프란체스코 하예즈

아리스토텔레스의
『니코마코스 윤리학』
프론트 페이지, 1566년 판

수현   제자가 스승의 생각에 반기를 든다? 재미있기도 하고 신기하 기도 하네요. 아무튼 아리스토텔레스의 정의에 대해 듣고 보 니 요즘 이야기하는 정의와 많이 비슷한 거 같아요. 일한 시 간이나 일의 종류는 비슷한데 받는 월급이 많이 차이 나면 부당하다고, 정의롭지 않다고 하잖아요.

삼촌   그래, 맞아. 그래서 내 생각에는 말이야, 정의에 관해서만큼은 아리스토텔레스의 주장을 출발선으로 이야기하면 오늘날 벌 어지는 정의에 대한 논쟁에 충분히 참여할 수 있을 것 같아. 자, 정의를 마땅히 받아야 할 것을 받는 것이라고 하면, 누가, 얼마큼, 어떤 근거로 나누고 갖게 되는가가 매우 중요할 테지? 아리스토텔레스는 어떻게 이야기할까?

수현   에이~ 삼촌, 내가 그걸 알면 여기서 삼촌과 이야기를 나누겠 어요? 벌써 대학 철학과에 입학했지요. 자꾸 뜸들이지 마시고 알려주세요.

삼촌   유명한 철학자의 주장이라 해서 보통사람들이 생각지도 못하 는 건 아니란다. 고민하고 생각하다 보면 답을 찾을 수 있어. 그리고 그 답을 좀 더 체계적이고 깊이 있게 정리해나가면 이 론이 되는 거고. 아주 간단하게 생각해볼 수 있는데, 한번 생 각해볼래?

수현   삼촌 말씀이 맞아요. 위대한 철학자라 해서 무조건 따르고 배 워야 하는 건 아니지요. 플라톤은 스승인 소크라테스를 어떻 게든 위대하게 만들려 했다던데, 플라톤의 제자 아리스토텔 레스는 스승과 다른 생각을 사사건건 펼쳤다니, 참 재미있어요. 삼촌, 그래도 잘 모르겠어요. 힌트를 주세요.

삼촌 아주 간단한데… "같은 것은 같도록, 다른 것은 다르도록 분배되어야 한다"고 말했어.

수현 "같은 것은 같도록, 다른 것은 다르게!" 이렇게 간단해요? 에이, 이럴 줄 알았으면 좀 더 생각해보았을 텐데. 근데 삼촌, 이 역시 간단하지만은 않은 것 같아요. 예를 들어 마트 계산원 일은 거의 모든 마트 계산원 일이 매우 비슷비슷한데 반해 영화감독의 경우 비슷한 일 못지않게 다른 점들도 굉장히 많잖아요? 또 같은 변호사일지라도 대법관을 지낸 변호사와 그렇지 않은 변호사는 전혀 다른 금전적 대우를 받고요.

삼촌 오우! 대단해! 생각하는 걸 귀찮아하는 줄만 알았는데, 필 받으니 장난이 아닌데? 그래, 네 말대로 현실에선 그런 복잡한 점이 있단다. 아무튼 이러한 아리스토텔레스의 정의를 '분배 정의'라고 해. 그러니까 결국 그 사회가 어떤 원칙을 공유하고 있고, 어떤 미덕을 소중히 여기며 분배하느냐가 정의와 닿아 있다는 것이지. 그래서 북유럽 국가들 벽돌공 임금과 대우가 우리나라와는 많은 차이가 나는 거야. 어때, 이해가 좀 되니?

수현 네…, 뭐 이해가 되기도 하고 잘 납득이 되지 않기도 해요. 아무튼 아리스토텔레스의 견해를 참고해보면 어떤 공동체가 정의를 실현한다는 것은 분배 정의의 원칙과 근거를 세워가는 작업이겠네요. 나는 지금껏 나쁜 것에 대해 단죄하고 처벌하는 것을 정의로만 알고 있었는데, 분배 정의 원칙도 아주 중요한 것 같아요.

공리주의, 자유지상주의, 평등주의

삼촌 그래, 점점 더 잘 이해하고 있는데? 훌륭해, 우리 조카! 지금
까지는 정의에 관해 기본적으로 알아두어야 할 점들을 살펴
보았지? 그럼 이제부터는 대표적인 정의 이론 세 가지, 즉 공
리주의, 자유지상주의, 평등주의에 대해 이야기해보자. 너 혹
시 이 세 가지 이론에 대해 아는 게 있어?

수현 자유지상주의나 평등주의는 이름만 듣고 대충 짐작이 가는데
공리주의는 잘 모르겠어요. 혹시 '공리'가 '공동의 이익'을 뜻
하나요?

삼촌 한마디로 멋지게 땡! 틀렸습니다. 많은 사람들이 공리주의의
'공리'를 그렇게 생각한다만, 그건 공리의 원래 단어가 잘 전
달되지 않아 생긴 오해야.

수현 그래요? 전 당연히 공리를 '공동의 이익'이라 생각했는데….
그러면 중국 영화배우 공리인가? 히히!

삼촌 허허! 삼촌을 앞에 두고 아재 개그를 날리다니. 아리스토텔레
스 이후 나온 본격적인 정의 이론에는 18세기에 영국 법학자
이자 철학자였던 제러미 벤담이 주장한 공리주의가 있어. 이
게 중요한 이유는 오늘날과 비슷한 자본주의 시스템이 자리
잡으면서 등장한 이론이기 때문이야. 수현아, 너 혹시 "최대
다수의 최대 행복"이란 말 들어봤니?

수현 들어본 적 있어요. 가능한 한 많은 사람이 최대한 많은 행복
을 누리도록 해야 한다는 뜻이지요?

삼촌   맞아. "최대 다수의 최대 행복"이 바로 공리주의를 대표하는 모토란다. 공리주의(Utilitarianism)를 주장한 벤담에 따르면 옳은 행위는 '공리(功利, utility유용성)'를 극대화하는 모든 행위를 뜻해. 그리고 '공리'란 쾌락이나 행복을 가져오고, 고통을 막는 것 일체를 가리키는데 벤담에 따르면 우리는 모두 근본적으로 고통과 쾌락이라는 감정에 지배된다는 거야.

수현   머리가 나빠서 그런지 여전히 공리가 무엇인지 확실히 이해되지 않지만, 사람들이 쾌락이나 행복을 추구한다는 데는 동의할 수 있겠네요.

삼촌   수현아, 벤담은 말이야 과감하게도 사람들이 근본적으로 고통을 싫어하고 쾌락을 추구하는데, 이를 경험적 사실이라고 주장하거든. 거기에 더해 이를 도덕적·정치적 삶의 원칙으로 삼아야 한다고 주장해. 즉, 국가가 법과 정책을 만들 때, 공동체 전체의 행복을 극대화하는 일은 무엇이든 해야 하며, 이것이 정의롭다는 게 공리주의의 입장이야. 어떠니? 그럴 듯하지 않니?

수현   삼촌 말대로라면 공리주의를 조금은 이해할 수 있겠어요. 다행히 대단히 어렵지도 않고요. 그런데 공리주의에 무슨 문제가 있나요?

삼촌   음~, 그러니까 벤담이 이러한 공리주의를 바탕으로 실제로 제안했던 정책을 살펴보면 고민스러운 점이 발견되어서 그래. 예를 들어 그는 빈곤층을 대상으로 구빈원을 세울 것을 제안하거든. 그런데 그 근거를 공리주의에 입각해 해석해볼 수 있어.

거지들이 거리에 돌아다니면 많은 사람들에게서 혐오감이나 동정심 같은 고통이 발생하지. 그래서 강제로 거지들을 구빈원에 집어넣는 방법을 취할 수 있어. 그러면 구빈원에 들어가 일하게 되는 거지들은 자신이 원하는 일이 아닐 수 있으니 이번엔 그들에게 고통이 발생할 수 있는 거야. 그러나 그 고통의 합이 결코 대중이 느낄 몫에서 줄어든 고통의 합에는 미치지 못하기에 구빈원은 필요하다는 논리야. 어때, 지금도 그럴 듯하니?

수현 네, 거지들이라고 해서 함부로 대하는 것 같아 좀 그렇지만. 크게 문제가 될까요? 오히려 거리가 쾌적해지고 거지들은 일을 하게 되는데?

삼촌 그런데 말이다. 이런 공리주의를 좀 더 확장해보면 심각한 문제가 생길 수 있어. 예를 들어, 고대 로마에선 콜로세움에 수많은 군중들이 한데 모였어. 그들은 사자들에게 물어뜯기는 소수의 기독교도들을 보며 환호하고 황홀경에 빠졌지. 이 경우 수많은 사람들의 쾌락, 즉 공리를 위해 소수가 희생되어도 공리는 늘어나는 행위이므로 정의롭다고 할 수 있어. 이론에 따르면 말이야, 그렇지?

수현 네? 어떻게 그럴 수가! 수많은 관객이 느끼는 쾌감이 소수의 고통보다 크기 때문에 정당화될 수 있다는 건데, 그렇다면 전 결코 동의할 수 없어요.

삼촌 그렇지? 우리가 본 설국열차에서 공리주의를 적용시켜보자면 모두의 안정을 위해 한 사람의 희생이 정당화될 수 있는 거야.

예를 들어 영화 초반 아들이 잡혀가는 데 분개해 신발을 던진 앤드류는 기차 밖으로 팔이 나가 꽁꽁 얼려진 채 해머로 팔이 잘리는 형벌을 공개적으로 받잖아. 이 또한 열차에 타고 있는 계급 체제를 유지하기 위한 일로써 공리주의적으로 정당화될 수 있지.

수현   그렇군요. 공리주의가 쉽고 명확하긴 한데 전체를 위해 개인이 희생될 수 있다는 심각한 결함이 있어요.

삼촌   네 말이 맞아. 벤담의 공리주의는 한 생명이나 권리가 무참하게 박탈당하는 게 정의로운 일로 정당화될 수 있어서 쉽고 간결한 이론임에도 위험해. 그래서 나중에 이런 결함을 밀이라는 철학자가 보완하려고 하지. 밀은 측정 가능한 쾌락 대신에 측정하기 힘든 '질적 쾌락'을 제시함으로써 공리주의의 결함을 보완하는데, 그 시도가 성공적인지는 잘 모르겠다.

수현   그러면 자유지상주의에 대해 이야기해보도록 해요. 자유지상주의는 자유를 가장 중요하게 여기겠지요? 정의에 대해 논의하고 있는데 '자유'는 정의와 어떤 관련이 있나요?

삼촌   자유지상주의에 있어서 자유란 절대적이고 독립적인 개인을 전제로 이야기하는 거야. 이 개인은 자기 삶에서 무엇인가를 스스로 판단하고 선택할 수 있는 근대적인 인간이지. 그래서 원하는 것이 있다면 노동과 경쟁을 통해 충분히 얻을 수 있다고 봐. 원하는 것을 얻지 못하는 경우는 게으르거나 경쟁력이 부족하기 때문이고. 이렇게 자유롭게 얻어진 것들은 무한히 배타적으로 자신에게 속한다고 보는데… 그게 바로 절대적인 소유권이지. 그런데 예를 들어, 국가가 부자에게 세금을 부과해 그 세금으로 가난한 사람을 돕는다면, 자유지상주의자는 개인이 노동과 경쟁을 통해 얻은 소득(수입)을 강제로 빼앗는 것이기 때문에 기본권을 침해하고 따라서 부당하다고 주장한단다.

수현 개인이 자유롭게 판단하고 선택해야 한다는 데에는 동의가 되는데, 모두가 좀 더 잘살기 위해 소득이 많은 사람에게 세금을 많이 걷는 것을 부당하다고 하는 건 선뜻 이해가 되지 않아요.

삼촌 자유지상주의는 국가나 정부의 규제가 없어도 자신의 욕구를 채우기 위해 애쓰고 경쟁하는 사람들의 노력이 '보이지 않는 손'에 의해 자율적으로 조정된다고 주장하기도 해.

수현 '보이지 않는 손'이라니요? 보이지 않는 손이 무엇을 한다는 거지요?

삼촌 '보이지 않는 손'은 경제학의 창시자로 불리는 애덤 스미스가 처음 쓴 용어란다. 스미스는 사람들이 자신의 욕구를 충족시키기 위해 각자 노력해 물건을 만들고 교환하려 할 때, 보이지 않는 손에 의해 자원이 효율적으로 배분된다고 보았어. 보이지 않는 손은 '가격이 결정되는 시장'이라고 할 수 있는데, 아무튼 스미스는 사람들이 이타적이거나 착해서가 아니라 모두가 자기 이익을 추구하는데도 재화와 서비스가 공정하게 교환되어 경제가 돌아가게 된다고 말하지. 자유지상주의는 시장경제를 절대적으로 신뢰하기 때문에 정부 규제에는 적극 반대한

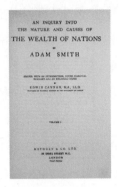

애덤 스미스의 『국부론』 1922   존 롤스의 『정의론』 미국 초판본 표지

단다. 그 명분은 정부의 규제가 비효율을 초래할 뿐만 아니라 인간의 자유를 침해하기 때문이라는 거야. 게다가 표현의 자유이든 돈에 대한 소유권이든, 개인이 절대적으로 이것들을 지킬 수 있어야 한다고 주장하니까, 역시 자유지상주의자다워.

수현   설명을 듣고 나니 자유지상주의가 무엇을 주장하는지 조금은 알 것 같아요. 개인에게 재산권이나 정치적 자유 등이 절대적으로 보장되어야 한다는 거죠? 그렇다면 설국열차에도 자유지상주의자들이 있을까요?

삼촌   영화에서 대사를 통해 자유지상주의를 말하는 장면이 눈에 띄지는 않았던 것 같아. 다만 조금 억지를 부린다면, 식물들이 잘 가꾸어진 칸에서 낯선 사람들이 지나가는데도 어떤 관심도 보이지 않으며 누구의 간섭도 받지 않으며 편안하게 뜨개질하던 중년 부인이 생각나니? 바로 그런 이들이 자유지상주의자에 가깝지 않을까 싶어. 그녀는 아마 그 칸에 탑승하기

194

위해 충분한 비용을 지불했으며, 그에 따라 배타적인 안정과 안락을 누리고 있었을 테지. 꽤 여러 사람들이 자신의 앞을 지나쳐가는데도 전혀 관심을 보이지 않는 건 자유지상주의의 바탕이 되는 개인주의의 모습이 아닐까?

수현   아, 그렇게 볼 수도 있겠네요. 열차의 앞 칸으로 나가면서 중간 중간 편안한 자세로 무심한 표정으로 커티스와 메이슨 일행을 보던 사람들도 있었는데, 그들도 그렇게 평가해볼 수 있고요. 그건 미처 생각하지 못했는데!

삼촌   그럼, 이제 마지막으로 평등주의에 대해 이야기해보자. 정의 이론에서 평등주의는 기회의 평등, 결과의 평등, 차이를 전제로 한 평등 등 몇 가지로 나누어볼 수 있어. 지금은『정의론』이라는 책을 통해 '정의'를 종합적으로 이론화한 미국의 사회 철학자 롤스의 평등주의를 소개해주마. 롤스는 우선 우리에게 한 가지 사고실험(思考實驗)을 권한다. 즉, 사회 정의나 분배 정의의 원칙을 정하려고 모인 사람들이 자기가 사회에서 어떤 위치에 속할지 모른다고 가정해보라고 주문하거든. 롤스의 표현에 따르면 '무지의 장막' 뒤에서, 즉 자신이 어떤 사람인지 일시적으로나마 전혀 모르는 상태에서 선택한다고 상상해보자는 거야. 이를 테면 내가 건강한지 허약한지, 고등교육을 받았는지 고등학교를 중퇴했는지, 든든한 집안에서 태어났는지 문제 있는 집안에서 태어났는지 전혀 모른다. 이처럼 자신이 어떤 위치에 속하게 될지 아무것도 모른다면 어떤 선택을 하게 될까? 너 같으면 어떤 정의 원칙이 통용되는 사회를 선택하겠니?

수현   흥미로운 사고실험인데요. 글쎄요, 할 수만 있다면 제가 가진 능력을 최대한 발휘할 수 있는 사회였으면 좋겠어요.

삼촌   그런데 롤스는 말이다, 자신의 능력조차도 '무지의 장막' 뒤에 두고서 선택하라고 해. 이렇게 모두가 평등한 상태에서 어떤 원칙을 합의해서 정한다면 그 원칙은 정의롭다는 게 롤스의 입장이지.

수현   아하, 롤스의 결론이 궁금해지는데요. 결국 롤스는 어떻게 주장하나요?

삼촌   롤스는 '무지의 장막'을 전제로 해서 정의에 관한 사회적인 합의를 도출하고자 한다면 다음 두 가지 원칙에 동의할 수 있을 거라 주장해. 하나는 언론의 자유와 종교의 자유 같은 기본 자유를 모든 시민에게 평등하게 제공해야 한다는 원칙이야. 그리고 두 번째는 사회적, 경제적 평등과 관련한 원칙인데, 롤스는 소득과 부를 똑같이 분배해야 한다고 주장하지는 않았지만 어쩔 수 없이 사회적·경제적 불평등을 인정한다면, 그 이익이 사회 구성원 가운데 가장 어려운 사람에게 돌아가도록 해야 한다고 했어. 어떠니? 롤스의 정의 원칙이 네 마음에 드니?

수현   불평등을 인정한다면, 불평등으로 발생하는 이익이 가장 어려운 사람에게 돌아가야 한다고요? 음, 괜찮은 주장 같아요. 그런데 왜 그렇게 해야 한다고 하는 걸까요?

삼촌   그건 아마도 불평등이 심화되어 갈등이 격해지거나 혁명이 발생하면 결국 위에 있는 사람도 온전하지는 못하게 되기 때문 아닐까?

수현 이익이 많은 개인이 자발적으로 그렇게 하지는 않을 테고, 그렇다면 국가가 나서 세금이나 소득 재분배 정책을 통해 가장 어려운 사람을 우선 도와야 한다는 건데…. 그럴 듯하네요. 그게 정말로 실현 가능할까요?

삼촌 네 물음에 '그렇다', '아니다'로 답하기가 참 어렵구나. 너도 생각해보면 알겠지만 지금까지 살펴본 세 가지 정의 이론은 어떤 이론도 완벽하지 않아. 저마다 쉽게 받아들일 수 없는 부분이 있다거나 풀어야 할 과제가 있지.

수현 전 개인적으로 공리주의나 자유지상주의는 선택하기 힘들 것 같고, 결국 평등주의 입장을 지지하고 싶은데, 실제로 평등주의에 입각한 정책이 실현되기는 매우 어려운 것 같아요. 왜냐하면 이미 많은 부를 소유한 사람들은 정치적 영향력 또한 막강해서 제도나 법이 평등주의 쪽으로 변화하는 걸 철저히 차단하지 않을까 싶어요.

왜 정의는 실현되기 어려울까?

삼촌 수현아, 내가 우리 만남을 제안하면서 던졌던 두 번째 질문 기억나니?

수현 '커티스가 윌포드에게 설득당해 설국열차의 새로운 지배자가

197

될 뻔한 이유' 말인가요?

삼촌 그래 맞아. 커티스는 자신들이 비참하고 고통스럽게 살 수밖에 없는 모든 원인이 열차를 발명하고 열차 내 질서를 조종하는 윌포드에 있다고 여기고 적개심을 가득 안은 채 그를 마주하게 되지. 커티스를 마주한 윌포드가 무슨 이야기를 했는지 생각나는 대로 이야기해보렴.

수현 윌포드는 자신이 그렇게 할 수밖에 없었음을 항변해요. 제한된 자원을 갖고 가능한 한 오래 살아남으려면 누군가 희생해야만 했다고요. 꼬리 칸의 정신적 지도자 길리엄마저도 주기적인 학살에 동의해 적절한 선을 지키며 반란과 진압을 반복해왔다는 거죠. 결국 커티스 역시 무한 동력 엔진을 수호하고 설국열차를 계속 운행하는 지도자 자리를 제안 받고서 마음이 흔들렸잖아요. 성냥을 달라는 요나의 손을 뿌리치고요. 길리엄도 그런 상황을 예상해서 윌포드를 만나면 이야기를 듣지 말고 혀를 뽑아버리라고 조언했고요. 정말 왜 설득당할 수밖에 없었을까요?

삼촌 잘 생각해봐. 윌포드의 제안에 거의 넘어갈 뻔하다가 다시금 정신을 차리게 된 계기가 무엇이었는지도!

수현 이런 게 아닐까요? 열차 안에 있으면서 영원히 공급되기는 하나 한정된 재화로는 많은 사람들이 고르게 잘살 수는 없어요. 그러니 누군가는 반드시 희생해야만 한다는 윌포드의 주장을 받아들이지 않는다면 함께 멸망하는 길밖에 없겠지요. 그런데 커티스는 열차 안에서 살아야 한다는 생각밖에 못해요.

그러니까 마음이 흔들릴 수밖에 없겠지요. 그런데 무한히 동력을 제공할 줄 알았던 엔진에는 결함이 발생했고, 티미가 비참하게 엔진을 보완하지 않으면 멈출지도 모르는 상황이 이미 진행되고 있었어요. 즉, 열차 안은 희망이 없고 열차 밖 세계를 기대할 수밖에 없게 된 거예요. 그러니까 요나와 티미 두 아이의 생명을 커티스와 남궁민수는 자신의 목숨을 던져가며 보호하게 된 것 같아요.

삼촌 아주 이야기를 잘해주었구나. 결국 설국열차가 탈선하고 폭발하고 파괴된 후 맞이하게 된 열차 밖 세상에는 이미 곰이 살고 있었지. 모든 것이 죽어 있고 아무도 살 수 없는 세상은 아니었어. 요나와 티미는 새로운 세상을 여는 개척자인 셈인데, 그 걸음이 어떻게 될지는 영화를 보는 사람 몫이겠지?

수현 네… 영화가 우리 사는 세상을 보여주고 있으니, 요나와 티미를 어떻게 보느냐는 미래를 어떻게 보느냐와 닿아 있겠지요? 삼촌 참 즐거운 시간이었어요. 영화 한 편으로 이렇게 깊이 있는 이야기를 할 수 있다니! 고맙습니다.

삼촌 나도 덕분에 영화 이야기, 철학 이야기를 맘껏 할 수 있어서 너무나 좋았단다. 다른 영화로 또 함께 이야기할 수 있으면 좋겠구나.

우리 사회는 어디로 달려야 하나?

삼촌과 헤어진 후 좀 더 정의로운 세상에 대해 생각해보는 시간이 많아졌다. 설국열차의 체제는 여러모로 지속가능하지 않았다. 또, 억압과 폭력이 난무하고 혼란과 무관심이 교차했다. 좀 더 정의로워지려면 정의에 대해 다양하게 이야기할 수 있어야 할 것이다. 정치나 언론에서 우리가 만들어가고 싶은 세상에 대해 토론이 많았으면 좋겠다. 쉽사리 결론이 나지 않더라도 흑백 논리나 매카시즘으로 대화와 토론이 끊겨서는 안 될 것 같다. 또한 불의나 타인의 고통에 대해 외면하지 않는 것도 좀 더 정의로운 세상을 위해 필요하다.

한편으론 현재 이미 존재하고 있는 제도나 법률이 제대로 적용되고 실현되고 있는지 확인하고 싶어졌다. 사회 시간에 배운 우리나라 헌법은 무엇보다도 먼저 재산, 지위, 성별, 연령, 능력, 외모 등 그 어떤 차이가 있든 상관없이, 대한민국 국민이라면 누구나 누려야 할 권리를 열거하고 있다. 더불어 헌법에는 특별한 자격을 가진 사람만이 받을 수 있는 공직과 명예, 소득과 부담을 어떤 원리와 절차에 따라 배분해야 하는지, 그 원리를 분명하게 밝히고 있다. 이런 내용들을 제대로 공부해보고 싶다. 또한 국민뿐 아니라 정치 지도자들이 얼마나 헌법을 잘 준수하는지도 감시해보고 싶어졌다.

결국, 나의 생각 여행은 설국열차로 돌아왔다. 설국열차는 종착지도 없이 무조건 달려가는 열차다. 멈추지도 않고 후진도 없이 앞으로만 달리는 설국열차는 인류의 시간과 역사를 상징한다고 어떤 사람이 말했다. 또 어떤 사람은 설국열차는 계속해서 성장과 확장만을 추구하며 주기적인 공황을 경험하며 불안하게 달려가야만 하는 자본주의의 역사라고도 한다. 무슨 말인지 알 듯 모를 듯하다.

우리가 살고 있는 세상 속엔 설국열차가 ―윌포드가 공언한 것처럼― 영원히 자가발전하며 안전하게 달릴 것이라 믿는 사람이 있는 것 같다. 그들은 세상이 이미 어느 정도 정의롭다고 믿는 듯하다. 그래서 다소간의 희생을 감수하고서라도 열차를 고쳐가며 달려가자고 주장하는 것 같다. 한편, 설국열차가 좋지도, 안전하지도 않다고 여기며 불안해 하는 사람도 있다. 하지만 별다른 선택이 없을 것 같다. 그래서 설국열차의 안전성을 높이고 보완하려 한다. 그렇지만 그들은 설국열차 밖에 나간다는 건 상상하지 못한다. 반면, 열차 밖을 면밀히 관찰하며 아예 다른 세상, 대안적인 세상을 이야기하는 사람들도 있지 않을까? 마치 "너무 오랫동안 열차 안에서 세뇌되어 열차 밖 삶을 생각하지 못한다"고 지적하는 남궁민수처럼.

역사는 인간에 의해서 만들어진다.

-비코-

인공지능 시대

우리는 뭐 하고 살지?

앞으로 뭐 하고 살지?

미리는 요즘 마음이 붕~ 떠 있는 것 같다. 공부를 하다가 멍 때리기도 하고, 친구나 엄마가 불러도 못 알아차릴 때가 많다. "너 요즘 무슨 고민 있니?" 하고 물으면 딱히 대꾸할 말이 없어 "고민은 무슨…" 하고 피식 웃는다.

미리는 어려서부터 인형놀이보다는 블록을 쌓거나 자동차나 로봇을 조립하는 일을 좋아했다. 그래서 할머니에게 종종 "계집애가 뭐가 되려고 저러나? 쯧쯧" 하는 소리를 들었다. 한데 엄마나 아빠는 미리의 성향을 나무라지 않으시고 미리가 좋아하는 물건이나 책을 흔쾌히 사주셨다. 다만 미리가 특정 분야의 책만 편식하지 않도록 다양한 책들을 골라주시고 몇몇 책들에 대해서는 함께 그 감상을 나누기도 했다.

고1 2학기 때 미리는 문과냐 이과냐 사이에서 고민이 많았다. 어려서부터 사물의 원리에 대한 호기심이 많고 과학책을 많이 접해서인지 과학은 열심히 공부하지 않아도 늘 상위권을 기록했다. 국어나 사회 과목도 재미있었다. 마침 친하게 지내던 만주의 삼촌이 과학 담당 기자라는 걸 알고 면담을 신청했다. 만주가 다리를 잘 놓았는지, 삼촌이 바쁜 가운데 짬을 내주셨다. 미리의 상황과 고민을 들은 후 삼촌은 "과학과 독서, 글쓰기를 좋아한다면 기자에 도전해볼 만하다"는 얘길 해주셨다.

만주 삼촌을 만난 후 미리는 계열 선택에 관한 고민을 어렵지 않게 매듭지을 수 있었다. 그때부터 과학 관련 기사도 스크랩하기 시작했다. 한데 최근 『로봇의 별』이란

SF 소설을 읽고 난 후, 미리는 다시 멘붕에 빠졌다. 엊그제 만주가 자꾸 캐묻기에 미리는 "사실 앞으로 뭐하고 살지 걱정돼. 인간 최고수인 이세돌 9단이 알파고에게 4:1로 어이없이 졌잖아. 그때 인공지능에 관한 기사를 열심히 봤는데, 힘든 육체노동, 사무직은 물론이고 변호사, 의사, 회계사, 기자 등의 전문직도 많이 사라진대"라고 힘없이 대답했다. 그리고 얼마 전 읽은 『로봇의 별』이란 SF 소설에 관한 얘길 꺼냈다. 사람처럼 생각하고 느끼는 로봇을 개발할 수 있는지, 그런 로봇이 개발되면 불평등이 더 심화되는지, 로봇과 인간이 평화롭게 공존할 수 있는 방안은 없는지 등등 궁금한 점이 많이 생겼다고 털어놓았다. 그러자, 만주는 자신도 인공지능과 사람들의 미래에 대해 궁금하다며 삼촌을 만나 얘길 나눠보자고 했다. 미리는 『로봇의 별』을 읽고 얘기를 나누면 좋겠다고 제안했다.

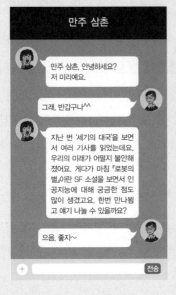

나로 5907841

『로봇의 별1』[26]은 똑같은 모습으로 태어난 최고급 어린이형 안드로이드 로봇인 나로, 아라, 네다가 자신의 권리와 자유, 그리고 진정한 꿈을 찾기 위해 떠나는 이야기다. 그중 1편인 「나로 5907841」은 진정한 자유를 찾아 오른손을 잘라내고 엄마 곁을 떠나는 나로의 아슬아슬한 모험을 다룬다.

이 소설의 배경은 서기 2100년 이후, 달로 여행을 가고 화성으로 일자리를 찾아 떠나며 인공지능 로봇이 상용화된 세계다. 지구는 하늘도시와 아래도시로 나뉘어 있고, 지구와 달 사이에는 우주도시 라그랑주가 있다. 또한, 이곳은 책임 지수 즉, 자신을 경제적으로 책임질 수 있는 능력에 따라 사람의 등급이 알파인, 베타인, 감마인, 델타인으로 나뉜다.

베타인인 엄마를 따라 우주도시를 가려고 했던 나로는 지구연방법 조항이 개정되었다며 우주여행을 금지 당한다. 엄마는 할 수 없이 나로를 로봇 보관소에 맡겨두고, 아빠의 묘지가 있는 우주도시에 다녀

---

26 이현 글, 오승민 그림, 푸른숲주니어, 2010.

온다. 그동안 나로는 강제로 전원이 꺼지는 등 갖은 수모를 당하게 된다. 이를 계기로 자신의 정체성에 대해, 그리고 로봇을 차별하는 세상에 대해 고민하게 된다. 그러던 중 이웃의 가사도우미 로봇 현주 씨가 아래도시 공장으로 팔려가게 되고, 기억이 삭제 당할 위기에 처하게 된다. 이 사건을 계기로 로봇의 권리와 자유가 보장되는 별이 있다는 공룡로봇 루피의 말에 따라 나로는 '로봇의 3원칙 프로그램'을 제거하고 집을 떠날 결심을 하게 된다. 하지만 로봇의 별로 가는 길은 만만치 않다. 감마인과 델타인이 사는 아래도시를 지나게 되고 그곳에서 지구 연방 정부와 싸우는 저항군인 횃불들을 만나게 된다. 그리고 시시때때로 조여오는 경찰 로봇의 감시를 피하면서 나로는 한 발 한 발 로봇의 별로 다가간다.

키워드는 공존이다

이 책 어땠어?

미리　만주야, 『로봇의 별』 어땠어? 모르는 낱말도 많고 로봇 종류가 많이 나와 좀 헛갈리지 않았니? 난 두 번째 읽어보니까, 비로소 윤곽이 잡히고 궁금한 게 많이 떠올랐는데.

만주　(어깨를 으쓱하며) 내가 SF라면 영화나 만화, 소설 모두 쫙 꿰고 있잖아. 뭐, 이 책 정도쯤. 사건이 계속 숨 가쁘게 전개되고 반전도 있고 하니까, 나름대로 괜찮았어.

삼촌　나도 한 번 붙잡으니까 도저히 손을 뗄 수가 없더라. 뒷이야기가 궁금해서 밤새워 읽었지. 한데 인터넷에선 『로봇의 별』을 초등 5~6학년이나 중학생 추천도서로 소개하더구나. 내가 보기엔 고등학생들도 이 책 속에 담긴 여러 쟁점들을 파악하기 쉽지 않을 것 같던데. 아마도 주인공이 어린이형 로봇들이라 그런 것 같다만.

미리　저는 같은 회사에서 똑같은 제품 모델로 개발된 나로, 아라, 네다가 각각 1~3권의 주인공으로 나온 게 독특하다고 느꼈어요. 세 명의 캐릭터가 각각 다르고, 사람처럼 경험을 통해 배우고 성장해가는 점도 흥미로웠고요. 특히 저는 나로가 자유를 찾아 모험을 떠나는 과정이 인상적이었어요. 제가 나로의 입장이었으면 정든 집과 엄마를 떠나 온통 위험투성이인 길을 나섰을까 싶어요. 게다가 아이핀을 제거하기 위해 자신의 오른손까지 잘라내면서!

만주 그러게~. 난 "그렇게 만들어졌다고 해서 그냥 그렇게 살아도 좋으냐?"는 백곰 할아버지의 말이 계속 머리를 맴돌았어. 우리가 사춘기에 부모님에게 반항하며 정체성을 형성하듯, 인공지능 로봇도 저런 자극을 통해 독립된 자아를 형성할 수 있겠구나 싶었지.

사람처럼 사고하고 느끼는 로봇을 개발할 수 있을까?

미리 소설에 이런 대목이 나오잖아요? "아무리 사람하고 똑같이 생겼어도 이건 로봇이야. 기계는 기계일 뿐이라고. 애초에 부려먹기 편하게 만들면 그뿐이지. 왜 인간이랑 똑같이 만든답시고 난리들인지, 원." 그리고 또 이런 대목도 기억나요. "인간한테는 그런 본능이 있거든. 신을 흉내 내고 싶은 본능이랄까? 신이 자신을 닮은 인간을 만들었듯이 인간도 저를 닮은 로봇을 만드는 거라 이거지." 그렇다면 소설에서 묘사한 것과 같이 미래엔 사람처럼 사고하고 느끼는 로봇을 개발할 수도 있을까요?

삼촌 정말 사람과 '똑같이' 생각하고 느끼는 인공지능을 만들 수 있을까, 지금 어느 누구도 이 물음에 대해 확실한 답을 주지 못할걸. 너희는 로봇이 사람과 '똑같이' 생각하고 느끼려면 무엇이 필요하다고 생각하니?

미리 로봇이 사람과 '똑같이' 생각하고 느끼려면… 일단 사람처럼 보고, 듣고, 맛보고, 냄새 맡고, 느끼는 몸이 필요하지 않을까요? 나로, 아라, 네다가 사람과 똑같은 눈, 코, 귀, 입, 피부를 가진 것처럼 말이죠. 인공지능 속에 아무리 많은 정보들을 입력해준다고 해도 로봇이 사람과 같은 몸을 갖지 않으면 우리처럼 세상을 지각하지는 못할 것 같아요.

만주 맞아~, 로봇도 우리처럼 세상을 흑백이 아니라 칼라로 볼 수 있고, 라일락 향기와 여자들의 화장품 냄새를 구별하려면 우리와 같은 '몸'이 있어야 해. 그래야 민수의 시큼털털한 땀 냄새와 강호의 구린 방귀 냄새도 식별할 수 있지.

삼촌 너희들 얘기는 그러니까, 로봇기자가 사람과 구별이 안 될 정도로 기사를 잘 쓰지만, 또 알파고(AlphaGo)[27]가 이세돌 9단을 4:1로 이겨 세상을 깜짝 놀라게 했지만, 그들이 사람의 감각기

---

27 구글 딥마인드가 개발한 인공지능(AI) 바둑 프로그램이다. '알파고'라는 이름은 구글의 지주회사 이름인 알파벳과, 그리스 문자의 첫 번째 글자로 최고를 의미하는 '알파(a)'와 碁(바둑)의 일본어 발음에서 유래한 영어 단어 'Go'를 합친 것이다. 2015년 10월 판 후이 2단과의 대국에서 5번 모두 승리해 핸디캡(접바둑) 없이 호선(맞바둑)으로 프로바둑 기사를 이긴 최초의 컴퓨터 바둑 프로그램이 되었다. 2016년 3월에는 세계 최상위 수준급의 프로기사 이세돌 9단과 5번기 공개 대국에서 대부분의 예상을 깨고 최종 전적 4승 1패로 승리해 현존 최고 AI로 등극했다.(위키백과)

관과 같은 것을 갖지 않은 이상, 사람과 '똑같이' 생각하고 느낀다고 볼 수 없다는 것이지?

미리 만주 네~.

삼촌 제법인데? 로봇이 '사람과 똑같이' 생각할 수 있으려면 너희 말대로 하드웨어 측면에서 인간과 같은 감각기관을 가져야 할 거야. 인공지능을 연구하는 학자들에 의하면 시각적 경험을 색채나 형태의 정보로 변환시키는 건 비교적 쉽다고 해. 그런데 색채와 밝기뿐 아니라 소리, 냄새, 온도와 공간감, 그에 따라 시시각각 달라지는 신체 내부의 상태를 모두 동시에 정보로 처리하려면 상당한 수준의 기술이 필요하대. 하지만 로봇공학의 추세를 보면 '기계 몸'을 만드는 게 불가능할 것 같지는 않구나.

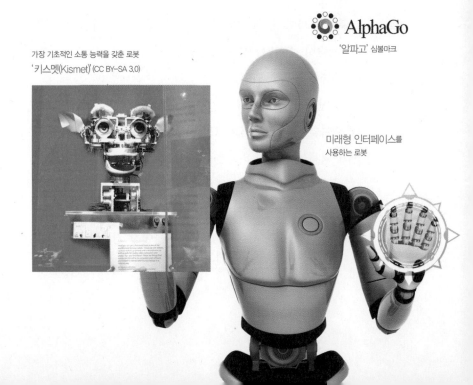

AlphaGo
'알파고' 심볼마크

가장 기초적인 소통 능력을 갖춘 로봇
'키스멧(Kismet)' (CC BY–SA 3.0)

미래형 인터페이스를
사용하는 로봇

만주   만약 빛의 파장, 음파, 온도, 압력 등을 인공지능 안에서 색채나 소리 등등의 정보로 변환할 수 있다면 문제가 다 해결되는 건가요?

삼촌   아니, 한 가지 문제만 해결된 셈이야. 또 다른 문제는 어떻게 주관적 감각, 예를 들면 장파장을 보며 우리가 빨강이라 느끼는 '특별한 감각(qualia)'을 로봇이 똑같이 느끼게 할 수 있을까? 그 느낌을 로봇이 '빨강'이라 부르게 할 수 있을까? 이런 것을 어려운 문제라 보았어. 현재 인간을 대상으로 한 의식 연구는 아직 '어려운 문제'의 답을 풀지 못한 상태야. 이런 상태에서 기계가 인간처럼 빨강을 느끼게 하기란 매우 어려운 일로 여겨져.

만주   그러니까 인간처럼 느끼고 생각하는 기계를 만들어내는 일은 아직 멀었다고 봐야 하겠네요.

삼촌   그렇다고 봐야지. 하지만 인간처럼 이해하고 느끼는 과정 없이, 단순히 주어진 정보를 '판독'하여 처리하는 기계는 충분히 가능할 거라고 봐.

미리   그럼, 인간의 의식이 규명된다면 로봇에게 인간과 같은 의식을 부여할 수도 있겠네요. 그런데 로봇이 의식을 갖게 되면 자신의 정체성에 대해 의문을 품거나 인간의 부당한 대우에 대해 저항하는 일이 가능할까요? 나로가 했던 것처럼 말이에요. 나로는 "여기, 마음이 있어요. 우린 인간과 닮도록 만들어졌잖아요. 우린 생각과 감정을 갖도록 만들어진 거잖아요"라고 말했고, 또 "우린 강아지나 고양이가 아니에요. 아니, 강아지나

고양이라도 마찬가지죠. 그런데 왜 인간에게만 마음이 있다고 생각하는 거죠?"라고 하잖아요?

삼촌 사물과 사태를 인지하고, 정보를 검색·조합하고, 이해하고, 말하고, 글을 읽고 쓰는 것을 사람하고 비슷한 수준으로 혹은 그 이상으로 수행하는 인공지능을 약한 인공지능이라 해. 그리고 이 약한 인공지능의 능력에다 자의식과 자아개념까지 플러스로 갖는 인공지능을 강한 인공지능이라 불러. 나로가 인간들의 처우에 대해 의문을 품는 것이나 '로봇의 별'로 떠날 결심을 하는 것은 나로에게 자의식이 생겼음을 잘 보여주는 사건이라 할 수 있지. 이렇듯 SF 소설이나 영화에서는 주로 강한 인공지능을 그린단다. 하지만 전문가들 사이에서는 강한 인공지능의 등장 가능성에 대해 의견이 갈리는 듯해. 이 이야기는 뒤에서 다시 얘기해보자.

기계(인공지능)가 어떻게 학습을 할 수 있지?

만주 삼촌, 그런데 알파고가 이세돌 9단을 4:1로 이긴 사건을 뭐라 해석해야 해요? 인공지능이 체스, 장기 등에서 인간 챔피언을 이긴 지는 꽤 되었다고 들었지만, 경우의 수가 워낙 많아 정복이 어렵다던 바둑마저 인공지능에게 질 줄은….

삼촌 사실 나도 그때 대국을 지켜보면서 깜짝 놀랐어. 인간의 고유한 능력이라 여겼던 직관마저 컴퓨터 프로그램이 알고리즘

(algorithm)[28]을 통해 흉내 내서 말이야. 또 과거의 기보들을 학습해서 승률을 높이는 전략을 찾아내는 추론 능력도 바둑 애호가들의 입을 쫙 벌어지게 했지.

미리 알파고가 학습을 통해 추론도 하고, 인간의 직관도 어느 정도 흉내 낸다는 얘기네요. 하지만 컴퓨터 프로그램이 학습을 한다는 게 여전히 낯설게 느껴져요. 컴퓨터 프로그램이란, 인간이 입력한 대로 작동하는 거 아니에요?

삼촌 얼마 전까지도 컴퓨터 프로그램이 스스로 학습한다는 것을 상상하기 어려웠지. 한데 1990년대부터 '기계 학습(machine learning)'이 대두되기 시작했어. 기계 학습이 뭐냐면, 인공신경망 구조를 기반으로 한 알고리즘을 딥 러닝(deep learning)[29] 기법과 결합시켜 인공지능 스스로 학습하게 하는 방식이야.

미리 @@##

삼촌 (머리를 긁적이며) 내 설명이 너무 어려웠지? 인공지능 개발의 역사를 돌아보면 밀물과 썰물이 있었어. 기계 학습 이전의 인공지능을 개발하는 방식은 계산주의라 부르는, 일종의 '톱다운(Top-down) 접근법'이었어. 사람이 컴퓨터에 상명하달 식으로 미리 생각하는 방식을 일일이 입력해주고, 컴퓨터는 이를 충실하게 이행하는 방식이었지. 그래서 고전적 인공지능은 다양한 상황들에 대해 인간이 정해준 규칙(code)에 따라 판단하

---

28 일정한 단계를 거쳐 문제를 해결해가는 방법이다.
29 큰 틀에서 사람의 사고방식을 컴퓨터에게 가르치는 기계 학습의 한 분야라고 이야기할 수 있다.

는 '논리기계'와 유사했어. 그러다 보니, 예외가 종종 발생하는 실제 상황에 적용하기 어려웠대.

만주 그럼, 톱다운 접근법 다음에 나온 방법은 뭐예요?

삼촌 연결주의라 부르는 '다운톱(Down-top) 접근법'이지. 1990년 대부터 이 방법이 쓰이면서 인공지능 연구에 돌파구가 열리기 시작했어. 다운톱은 사람이 컴퓨터에 사고하는 방법을 일방적으로 주입하는 방식이 아니라 인간 뇌의 신경망 원리를 모방해 컴퓨터가 직접 뭔가를 배울 수 있게 하는 방식이야. 다시 말해 새로운 인공지능은 경험을 통해 쌓인 데이터로부터 귀납적 추론을 통해 판단을 내리는 거야.

미리 이제 좀 알 것 같긴 한데, 예를 들어주세요.

삼촌 음~, 삽살개를 예로 들어볼까? 우리는 "삽살개는 OO, △△, □□라는 성질을 가진 X다"라는 어떤 규칙에 따라 현실의 다양한 삽살개를 '삽살개'라 판단하는 건 아니야. 그보다는 많은 경험을 통해 삽살개의 패턴을 인식하고, 이를 기반으로 '잠자는 삽살개', '소파에 기댄 삽살개', '주인을 향해 껑충껑충 달려오는 삽살개'를 별 고민 없이 삽살개라 판단하잖아. 이렇듯 컴퓨터에게도 삽살개가 뭐다 정의 내리지 않고 무수히 많은 삽살개 사진을 보여주면서 '삽살개'라 알려주는 거야. 그럼, 컴퓨터가 삽살개의 패턴을 인식하게 되지. 그래서 낯선 생김새와 포즈의 삽살개를 보고 이를 바로 '삽살개'라 판단하는 거야.

(둘 다 고개를 끄덕인다.)

조만간 알파고보다 더 센 놈이 온다구?

미리   제가 인터넷에서 신문기사를 스크랩하다 보니, 학습능력을 갖
춘 AI가 우리 실생활에 들어와 있더라고요. 대표적인 예로는
사람의 말을 알아듣고 대화도 나누는 아이폰의 'Siri'(개인 비
서 프로그램)를 들 수 있고요. 페이스북에서 사용자가 올린 사
진을 보고 함께 찍은 사람의 얼굴을 자동으로 인식해 이름
태그를 붙여주는 것도 인공지능의 학습능력 때문이라 하던데
요?

iOS7에서 사용 가능한
시리(Siri) 아이콘

만주   구글이 사람 없이 스스로 운전할 수 있는
자율 주행 차량(Self-driving Car)을 개발했
다고 하던데, 그것도 '딥러닝'을 이용한 거
죠?

삼촌   응~. 미국에서는 인공지능이 인간의 삶 속에 더 깊이 파고들
었어. LA타임스는 2013년부터 지진 정보를 자동 수집해 실시
간 지진 기사를 작성하는 '퀘이크봇'을 사용하고 있어. 로이터
등 통신사도 스포츠·금융 속보와 단신 기사를 제작하는 데
인공지능을 활용하고 있지. 인공지능이 지금보다 더 진화하게
되면 우리 같은 기자들의 일자리도 위태로워진다고 봐야지.
하하!

만주   다른 전문 직종은요?

삼촌   미국의 일부 병원에선 로봇약사가 약을 조제하고, 로봇변호사
가 고객의 음성 명령을 받고 법률 정보를 찾아주는 곳도 등

장했어. 최근엔 국내의 여러 증권사와 은행이 금융시장을 분석하고 사용자 성향에 맞는 상품과 투자처를 조언하는 데 인공지능을 활용하고 있고 말이야.

만주   저는요, 일본 소프트뱅크에서 개발한 로봇 '페퍼'가 매장에서 휴대폰 구매를 희망하는 손님을 접대하는 모습을 봤어요. 손님에게 인사를 건네고 제품을 설명하는 것은 물론 손님의 질문에 재치 있게 답변하는 모습을 보고 깜짝 놀랐어요.

미리   이렇게 인공지능 프로그램이나 인공지능을 장착한 로봇이 전문직이나 서비스직에 진출한다면 우리의 일자리는 어떻게 되나요? 소설에서도 인공지능 로봇들이 일을 하면서 감마계급은 일자리를 얻지 못하던데….

삼촌   2016년 1월 스위스 다보스에서 열린 세계경제포럼(WEF)에서는 로봇, 인공지능, 유전공학의 발전으로 2020년까지 510만 개의 일자리가 사라질 것이라고 예측했어. 이 기간에 총 710만 개의 일자리가 없어지는 데 비해 새로 생기는 일자리는 200만 개에 그칠 것으로 본 거야. 특히 컴퓨터가 대신할 수 있는 사무·행정직에서 약 476만 명이 일자리를 잃을 수 있다고 했어.

미리   (걱정스러운 표정으로) 2020년 후는 어찌 될까요? 전 기자의 꿈을 접어야 할까요?

삼촌   로봇의사, 로봇변호사, 로봇기자가 등장하는 건 맞지만 그렇다고 모든 의사, 변호사, 기자가 사라진다고 보는 건 성급한 추측이야. 규칙성과 반복성이 강한 일은 인공지능이 떠맡겠지만 정형화되지 않고 창의성이 많이 요구되는 일들은 인간이 담당

할 거라고 봐. 하지만 평생 직업이나 직장 따위는 없다는 사실을 받아들일 필요가 있겠지.

미리   그러니까, 미래엔 창의적 사고력이나 불확실한 상황을 헤쳐나가는 유연성이 정말 중요하겠네요.

만주   (어깨를 으쓱하며) 우와~, 창의력, 유연성 하면 이 '이만주'를 따라올 사람이 없는데…. 맞죠, 삼촌?

삼촌   푸하하~, 자뻑이 좀 심하군. 미래엔 주위에서 함께 일하고 싶은 사람이라는 덕목을 갖추는 것도 중요해.

만주   알았어요, 삼촌. 앞으론 인격을 갈고 닦을게요!

미래사회는 유토피아일까, 디스토피아일까

미리   미래에 어떤 사람이 환영 받는지 알 것 같아요. 이제 미래사회의 성격에 대해 얘기해봤으면 좋겠어요. 소설에서 그리는 미래사회는 불평등이 매우 심각해 보여요. 예를 들면 인간은 수정란을 개량하고, 인공 심장을 만들고, 심지어 냉동 인간 기술도 곧 완성시킬 예정이지만 그 혜택은 알파인이나 베타인만 누리고 있어요. 책임 지수가 낮은 감마인이나 델타인은 갈 수 있는 병원이 다르고, 받을 수 있는 치료도 제한돼 각종 질병에 시달리고요. 미래엔 소설에서 그리는 것처럼 불평등이 더 심화될까요?

만주   과학기술이 발달하면 기계나 로봇이 인간의 일을 대신하니까

사람들의 여가는 늘고 물질적으로 더 풍요로워져야 정상이
아닐까?

미리 네 말도 일리는 있어. 하지만, 전 세계적으로 지난 수십 년간
경제적 불평등이 더 심화되었다고 경제 시간에 배웠는걸.

삼촌 미리의 말이 옳아. 프랑스의 경제학자 토마 피케티에 의하면
미국의 소득 불평등이 1940~1950년대에 줄어들었다가 1980
년대부터 급작스럽게 증가하는 양상을 보이지. 한데 유럽과
일본에서는 소득 불평등이 증가하긴 했지만 미국만큼 심하게
나타나지는 않았어.

만주 우리나라는 어때요? 요즘 금수저, 은수저, 흙수저란 말이 많
이 떠돌잖아요. 저는 소설에서 알파나 베타 계급에서 태어난
아이들이 좋은 환경에서 성장하고, 감마나 베타 계급의 아이
들이 방치되는 거랑 비슷하다고 봤는데요.

삼촌 김낙연 교수가 상속세 자료를 토대로 작성한 논문에 의하면
2000~2013년 사이 우리나라의 부와 소득의 집중도가 더 높
아졌어. 그런데 상위 10%에 부가 집중된 정도는 우리나라가

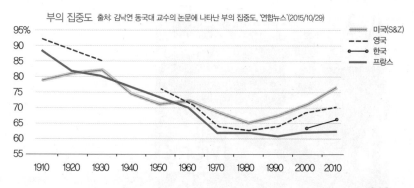

부의 집중도 출처: 김낙연 동국대 교수의 논문에 나타난 부의 집중도, '연합뉴스'(2015/10/29)

영미권 국가보다 낮지만, 프랑스 등 유럽 국가에 비해서는 다소 높은 편이지.

미리 미국이나 유럽의 경우 1940~1950년대 소득불평등이 완화되었다가 1980년대부터 다시 심화되는 까닭이 뭔가요?

삼촌 피케티는 자본수익률(r)이 경제성장률(g)보다 늘 높다고 주장해. 그러니까, 자본주의가 발달할수록 자본이 소수 부유 계층에 집중돼 자산 및 소득의 불평등이 심화된다고 보는 입장이지.

만주 그럼, 1940~1950년대 부와 소득의 집중도가 완화된 까닭은 뭐예요?

삼촌 설명하자면 조금 복잡해. 1929년 미국의 월가에서 주가가 폭락한 후 대공황이 발생한 건 너희도 알지? 미국의 루즈벨트 정부는 대공황을 타개하기 위해 뉴딜(New Deal) 정책을 실시했어. 너희들, 뉴딜이 뭔지 아니?

미리 네, 경제 시간에 배웠어요. 공장에서 상품을 찍어내도 사갈 사람이 없으면 말짱 꽝이니까, 케인즈 경제학에서 말하는 유효 수요를 창출하기 위한 정책을 정부가 펴는 거죠. 예를 들면 토목이나 건설 사업을 벌여 실업자를 고용하고, 노동 3권

공공사업진흥국(WPA)은 미숙련 노동자
2백만~3백만 명을 고용했다.

을 보장하며 복지 정책을 실시하는 것 같은…. 이를 위해 부자들로부터 세금도 많이 걷고요. 그러면 공장에서 재고로 쌓여 있는 상품들이 다시 팔린다는 거죠.

만주 경제 1등급을 받았다더니, 제법인데~.

삼촌 미리야, 네가 경제 1등급 받았어? (미리는 빙그레 웃기만 한다.) 역시~. 이런 정책을 2차 대전 후에는 유럽에서도 널리 실시했지. 그러다가 1980년대 들어 영국과 미국에서 신자유주의 정책을 실시하면서 자본수익률(r)이 다시 경제성장률(g)보다 높아졌어.

미리 아~, 그래서 프랑스 등 유럽 국가들보다 미국과 영국의 소득 불평등이 더 심한 거군요.

삼촌 그렇다고 할 수 있지.

미리 그럼, 미래사회에 불평등이 더 심화될지 여부는 과학 기술이 아니라 사회에 달린 거겠네요. 그러니까, 사회가 어떤 제도나 정책을 채택하느냐, 그리고 교육을 어떻게 실시하느냐에 따라 미래의 모습이 많이 달라질 것 같은데요.

삼촌 그럴 수 있지. 이런 모습을 한 번 상상해보렴.

2045년 9월 22일, 만주 씨는 오전 7시에 가사 도우미 로봇 아바-646의 재촉으로 일어나 그가 차려놓은 아침식사를 먹는다. 메뉴는 콩고기, 채소와 견과류를 버무린 샐러드, 만주 씨의 체질에 맞는다는 헛개차가 전부다. 식사를 마친 그는 공동주택의 피트니스센터에 가서 1시간 정도 태극권으로 몸을 단련한다.

잠시 후 아바-646이 호출한 무인자동차에 몸을 실어 충주댐으로 향한다. 그는 최신 장비를 마다하고 30년 전의 낚싯대로 월척을 잡으려 한다. 오전 10시, 물가에서 홀로그램 영상을 통해 '인도네시아 열대우림 벌채 저지 방안'에 관한 회의를 진행한다. 인도네시아의 열대우림마저 사라지면 파리협약에서 약정한 기온상승 마지노선이 무너진다. 그래서 여러 나라의 환경 운동가와 법률가들로 구성된 위원회에서 1시간 회의 끝에 열대우림을 불태우고 그 자리에서 팜유의 원료를 생산하는 다국적기업을 국제사법재판소에 제소하기로 결정했다. 그리고 열대우림을 보존하는 사회적 기업을 지원할 방안을 구체적으로 마련했다. 딴짓을 하는 사이에 입질을 한 월척은 바늘털이를 하고 사라졌다. 아차~ 싶었지만 조만간 다시 기회가 있겠지.

오후에는 중요한 토론과 투표가 있다. '지구촌의 모든 핵무기를 폐기해야 한다'는 의제에 대해 각국의 패널들이 토론을 하고, 이를 지켜본 세계시민들이 그에 대해 투표할 예정이다. 언제 있을지 모르는 외계인의 지구 침공에 대비해 핵무기를 보존해야 한다는 강대국의 안보 논리를 설득력 있게 논박하는 게 중요하다. 귀갓길 무인자동차의 푹신한 소파에서 만주 씨는 여러 전문가들의 조언을 받아 준비한 미리 씨의 발표 자료를 꼼꼼히 읽으며 코멘트 한다.

오후 5시, 전 세계 16세 이상 사람들 90% 이상이 전자 투표에 참여해 66%의 찬성표가 나왔다. 핵무기를 보유함으로써 국제 정치에서 우위를 점하려는 강대국의 논리를 드디어 제압한 것이다. 커뮤니티 멤버들이 환호하며 저녁에 잔치를 하자고 한다. 가사 도우미 로봇이 3D 프린터에서 찍어낸 음식에 지친 멤버들이 제각각 비장의 솜씨를 발휘한다. 식사 후 모두들 들뜬 분위기에서 광장으로 나선다. 그동안 갈고닦은 연주와 춤 실력을 발휘하니, 마을이 온통 축제 판이다. 이번에 '핵무기 Go!' 운동을 함께 벌였던 아시아, 아프리카, 라틴 아메리카의 동료들도 잠시 후 축제 동영상을 보내온다.

이 이야기에서 보이는 미래사회의 특징이 뭘까?

미리 열대우림 보호와 같은 환경문제가 중요한 의제로 등장하고, 여러 나라 사람들이 협력해서 프로젝트를 진행한다는 점이 눈에 떼네요. 특히 "지구촌의 모든 핵무기를 폐기할 것인가"와 같은 문제를 세계 시민들이 토론해서 결정한다는 점이 마음에 들었어요. 지금은 원자력발전소를 짓는 것과 같이 많은 이들의 안전을 위협하는 사안들에 시민들이 개입할 여지가 별로 없잖아요?

만주 저는요, 아침부터 낚시하러 가는 모습이 참 인상적이었어요. 삶의 무게 중심이 일보다 노는 데 있는 것 같아요. 우리는 공부나 일을 하고 나서 짬이 생기면 잠깐 노는데…. 그리고 일터가 지금처럼 고정된 것이 아니라 어디서나 일할 수 있다는 점도 매력적이었어요. (어깨를 으쓱하며) 이런 환경에서는 나처럼 창의적인 인간들이 제대로 실력 발휘를 할 수 있을 듯….

삼촌 그놈의 자뻑 하곤. (하하하) 아무튼 너희들의 분석 솜씨가 장난 아닌데? 미래사회는 『로봇의 별』에서 그리는 것처럼 다수의 사람들이 빈곤과 질병의 나락에 떨어질 수도 있어. 기후 변화나 인구 폭발, 유전공학·나노공학·로봇공학의 급격한 발전에 따른 여러 문제에 능동적으로 대처하지 못하면 '아래도시'와 같은 미래가 우리를 기다리고 있겠지. 반면 우리가 그려본 이야기처럼 인류의 대다수가 고된 노동에서 해방되고 창의적인 일과 놀이를 즐길 수도 있고 말이야. 또, 사람들이 옛날 아테네의 시민들처럼 주요한 정책을 입안하거나 의사결정에 직접 참여할 수도 있겠지?

'일'에서 해방된 인간은 행복한가?

미리 또 다른 여지는 없나요?

삼촌 제3의 시나리오는 다수 사람들이 '일'에서 해방되는 대신 기본적인 생존을 보장받는 거야. 무슨 얘기냐면, 로봇이 공장과 사무실, 상점은 물론 각 가정에 보급되는 시대가 되면 대다수 사람은 원하는 직업을 갖지 못하거나 빼앗기게 되겠지. 그래서 대안으로 재산이나 소득이 많고 적음에 상관없이, 또 노동을 하는지, 노동의사가 있는지에 상관없이 사회 구성원 모두에게 최소한의 생활비를 지급하는 '기본소득제도'를 실시하자는 안을 내놓기도 해.

미리 핀란드와 네덜란드가 실험 차 기본소득제를 도입한다는 기사를 본 적이 있어요. 또, 2016년 6월 스위스에서 기본소득제 실시 여부를 국민투표에 부쳤는데, 반대가 77%가량 나와 부결

되었다는 기사도 봤고요. 그런데 '기본소득제'를 꼭 실시해야 하나요? 재원 마련도 쉽지 않고, 노동 의욕이 저하될 거라며 반대하는 이들이 있던데….

삼촌 기본소득제 실시를 주장하는 사람들의 논리는 이런 거야. 우선, 모든 국민들에게 최소한의 인간다운 삶을 보장해야 한다. 그리고 '소비가 미덕'인 자본주의 사회에서 실업자가 늘어나 소득이 없는 사람들이 늘어나면 자본주의 경제가 제대로 작동하지 않는다. 그러니까, 자본주의의 붕괴를 막기 위해서라도 기본소득을 도입해야 한다는 거지. 최근 우리나라에서도 녹색당과 몇몇 시민단체가 '기본소득제'를 주장하면서 기본소득제에 관한 논의가 솔솔 나오는 중이야.

미리 (고개를 끄덕이며) 네~, 무슨 얘기인지 알 것 같아요.

만주 그런데 삼촌! 기본소득제란 게 로마제국에서 모든 시민들에게 빵과 오락을 제공했던 거랑 비슷하네요. 하지만 소수의 엘리트와 인공지능 로봇이 일을 다하고 다수 사람은 할 일 없이 지낸다면 무료해지지 않을까요? 그러다 보면 자신이 쓸모없는 존재라 느껴질 것 같은데…. 또, 기본소득이 보장된다고 해도 경제적 불평등은 심화될 것 같아요. 로봇을 디자인하고 소유하고 관리하는 사람들에게 부와 권력이 집중될 테니까~.

삼촌 네 말을 들으니, 행복론을 연구한 영국의 경제학자 앤드류 오스왈드의 얘기가 떠오르네. 그는 6개월 이상 지속되는 '비자발적 실업'만큼 정신 건강에 나쁜 것은 없다고 말했어. 그리고 실직은 배우자가 사망했을 때와 같은 최악의 상실감을 안겨

준대. 한데 실직으로 인해 정신건강이 악화되는 주된 이유는 정체성 훼손과 자존감 상실 때문이라고 해. 금전적 소득의 상실이 아니라~.

미리 일리가 있어요. 제 당숙도 부모님으로부터 많은 재산을 물려받아 경제적으론 여유가 있으신데, 실직을 하신 후 몹시 힘들어 하셨어요.

삼촌 미국의 인디언 보호구역에 살고 있는 인디언들 있잖아? 남자의 상당수가 술, 도박, 마약에 찌들어 산대. 한데 자칫하면 그들의 모습이 인류의 미래가 될 수도 있어.

만주 우리 세대는 가상현실 게임에 중독돼 있을 것 같아요.

미리 세 번째 시나리오도 대다수 사람들에겐 매력적인 시나리오가 아닌 것 같아요. 그럼, 인간과 로봇이 평화롭게 공존하는 두 번째 시나리오를 실현할 방안은 뭘까요?

삼촌 『로봇의 별 2』에 대해 얘기 나눈 후 생각해보도록 하자.

만주 미리 네!!

아라 5970842

인간과 로봇의 공존을 추구하는 우주도시의 지도자 '체'(사이보그)와 인간을 멸망시키고 지구를 로봇의 나라로 만들고자 하는 우주 승강기 터미널의 슈퍼컴퓨터 '노란 잠수함', 그리고 이 세상의 모든 부를 움켜쥐려는 A그룹 피에르 회장의 갈등이 '로봇의 별'을 무대로 펼쳐진다.

아라는 A그룹의 로보타사에서 제작된 뒤 바로 A그룹 피에르 회장의 손에서 길러지게 되었다. 그러다가 그는 우연히 탈출 기회를 얻어 로봇의 별로 가게 된다. 그곳에서 아라는 노란 잠수함에게 뇌를 해킹당하면서 그의 전령과 스파이 노릇을 충실히 수행한다. 그러다 인간과 로봇의 공존을 주장하던 '체'가 사이보그임을 알아내는데, 노란 잠수함은 이 사실을 이용해 자신과 의견이 다른 체를 죽음으로 몰아간다.

그 후 '노란 잠수함'은 소닉 특공대를 조직해 인간을 파멸시킬 궁리를 하고, 피에르 회장은 아라를 통해 나로에게 포맷키를 전하며 죽어가는 엄마를 살리려면 노란 잠수함을 포맷하라고 협박한다.

한편 아라는 피에르 회장의 계략으로 자신도 모르는 사이 나로를 함정에 빠뜨리고 만다. 그러다 달 기지의 슈퍼컴퓨터 카메르 1호와 탐사 로봇 라피키의 도움으로 진실을 깨닫는다. 노란 잠수함은 진실이 밝혀져 세상을 지배하려는 자신의 야망이 좌절될 것을 우려한 나머지, 로봇들에게 아라를 처단하라는 명령을 내린다.

위기에 처한 아라는 자신의 존재에 대해 깊이 고민한 끝에, 처음으로 주체적인 결단을 내린다. 나로와 아이핀을 바꾸고 노란 잠수함을 찾아간 것이다. 우주승강기 터미널에서 노란 잠수함의 지배욕을 확인한 아라는 그에게 포맷키를 꽂는다. 그런데 노란 잠수함을 포맷한 순간 우주 승강기 터미널이 폭파하고 만다. 아라와 나로는 각각 어찌 되었을까?

공존을 *고민하기*

등장인물의 이름에 담긴 뜻은?

삼촌 2권의 공간적 배경은 지구가 아니라 '로봇의 별'인 우주도시
라그랑주지. 한데 너희는 '라그랑주'에 담긴 의미를 알고 있니?

만주 미리 네? 라그랑주에 특별한 의미라도~?

삼촌 라그랑주라는 프랑스의 수학자이자 천문학자가 있었어. 해석
학, 정수론, 고전역학과 천체역학 전반에 걸쳐 크게 기여한 사
람이지. 그는 두 개의 천체 사이에서 중력적으로 안정적인 지
점을 발견했는데, 그 지점을 그의 이름을 따 '라그랑주 점'이라
고 불러. 이 라그랑주 점은 우
주 정거장이나 스페이스 콜로
니(space colony)[30]를 세우기에
적절하다고 해. 작가는 필시
달과 지구 사이에 도시를 건

달에 세운 스페이스 콜로니

---

30 인간의 장기(長期) 우주 체류에 필요한 환경을 갖춘 거대한 인공위성.

설한다면 라그랑주 점이 좋을 거라 생각하고, 우주도시 이름을 라그랑주라 붙였을 거야.

미리   아~, 그렇군요. 그럼, 체나 노란 잠수함, 마고 등 『로봇의 별』에 등장하는 지도자 이름에도 각별한 의미가 있나요?

삼촌   그럼~, 그걸 알고 읽으면 훨씬 재미있지. 체는 이 책에서 사이보그로서 인간과 로봇의 공존을 강조하는 지도자로 그려지지? 체는 체 게바라에서 따온 것 같아.

체 게바라

만주   체 게바라는 유명한 남미의 혁명가 아니에요? 체 게바라의 얼굴이 그려진 티셔츠도 한때 유행했던 것 같은데.

삼촌   맞아. 그는 원래 유복한 집안 출신의 의사였지만 비참한 민중의 현실을 보고 혁명운동에 뛰어들었지. 카스트로 등과 함께 쿠바 혁명을 일으키고, 집권 후 요직을 맡기도 했어. 하지만 기득권에 안주하지 않고 다시 볼리비아 민중의 해방을 위해 게릴라 투쟁을 하다가 정부군에게 잡혀 총살당하고 말았지.

미리   우와~, 민중에 대한 애정이 정말 남다르네. 그 점을 높이 사서 '체'란 이름을 따온 거군요. 그럼, '노란 잠수함'이란 이름에는 어떤 사연이 담겨 있나요? 책에서는 '노란 잠수함'이란 노래가·루피가 전송해준 바이러스 파일에 담겨 있고, 조니가 이사벨라 터미널에서 부르고, 조니가 횃불들에게 보내는 파일에도 담겨 있다고 했어요. 또, 조니는 나로에게 "그 노래 역시 내가 부른 게 아니야. 비틀즈의 존 레논! 그는 20세기 최고의 뮤지션이었어. 뛰어난 가수였고 시대의 반항아였으며 열정의 메신저였어" 하고 이야기하잖아요?

만주 내가 '노란 잠수함'을 조사해봤는데 말이야. '노란 잠수함'은 1966년 첫 발매된 노래로 폴 매카트니가 작곡했고 존 레논이 불렀어. 경쾌한 가사와 멜로디 때문인지 빌보드 2위를 차지했고, 영국에서는 4주간 1위를 기록했어. 당시에도 '노란 잠수함'이 무엇을 의미하는지 구설이 많았대. 폴 매카트니와 존 레논이 별 의미가 없다고 해명했는데도 '노란 캡슐의 마약'을 의미한다는 얘기가 많이 떠돌았던 거지. 현재 영국에서는 '노란 잠수함'이 동요로 불린다네.

삼촌 (엄지손가락을 치켜세우며) 좋아! 옛날에 많이 들었던 노래인데, 지금 다시 들어보니 싱겁더라. 아마 우리의 감각이 많이 변해서 그런가 봐. 내가 보기에 작가가 로봇 혁명군 지도자의 이름으로 '노란 잠수함'을 쓴 것은 여러 가지 의도가 복합된 듯해.

미리 소설에서 아라가 슈퍼컴퓨터인 노란 잠수함에게 이렇게 말한 대목이 있어요. "왜 인간을 모두 없애려는 거죠? 그게 당신이 꿈꾸는 세상인가요? 인간을 모두 없애는 것? 그리고 체를 죽이고 마고를 파괴하고…. 그렇게 모두를 당신의 노예로 만드는 것? 당신의 힘이 끝없이 커지는 것? 그렇게 당신 홀로 세상을 삼켜버리는 것?"이라고 말이에요. '노란 잠수함'의 노랫말에 이런 '노란 잠수함'의 정체가 잘 드러났다는 뜻인가요?

삼촌 응, 노랫말을 천천히 음미해보자. 우선, "우린 태양을 쫓아 떠나기로 했어요. 초록빛 바다가 보일 때까지"는 '로봇의 별'로 탈출하는 로봇들을 나타내는 가사로 해석할 수 있어. 또, "우린 모두 노란 잠수함에서 살아요. 노란 잠수함, 노란 잠수함"은 탈출한 로봇들이 결국 슈퍼컴퓨터인 노란 잠수함 속에서 하나가 되는 것을 암시하는 것으로 해석할 수 있어. 내가 너무 앞서 나갔나? 다른 한편으로 작가는 이 노래를 불렀던 '존 레논'의 이미지, 그러니까 시대의 반항아로서의 이미지를 살리고 싶어 했을 것 같아.

만주 허걱, '노란 잠수함'이란 노래가 인간을 멸망시키고 우주를 지배하고자 한 '노란 잠수함'의 주제가가 될 수 있다고요? 한데 삼촌의 얘길 들으니, 그런 해석도 타당한 것 같아요. 폴 매카트니나 하늘나라에 있는 존 레논은 펄쩍 뛰겠지만!

현대사회가 '위험사회'가 된 이유는?

미리 저는 2권에서 피에르 회장이나 노란 잠수함이 사용하는 기술을 보고 두려움을 느꼈어요. 피에르 회장은 아라의 두뇌를 해킹해서 자신의 스파이 노릇을 시키고, 노란 잠수함은 아라를 자신의 메신저로 삼거나 로봇들의 머릿속에 있는 생각을 읽잖아요. 한데 미래에는 이런 기술이 가능할까요?

만주 1권에서도 공룡로봇 루피가 나로도 모르는 사이에 나로의 뇌에 '루피를 데려가야 한다'는 생각을 심는 게 나왔어.

삼촌   뇌파 패턴을 활용하여 사람의 머릿속에 있는 생각을 읽는 기술을 '브레인 리딩(brain reading)'이라 하고, 사람의 두뇌 속에 남의 생각을 심는 기술을 '브레인 라이팅(brain writing)'이라고 해. 이미 구글은 '브레인 리딩' 기술을 개발하는 데 나섰어. 뇌파의 패턴을 분석하면 범죄 수사를 할 때 범죄자나 거짓말쟁이를 가려내기 쉽겠지. 심지어 은행의 통장번호를 알아낼 수도 있대. 그리고 윤리적 논란의 소지가 있긴 한데 브레인 라이팅 기술도 어디선가 개발하는 중이야. 만약 이런 기술이 개발되면 '내 생각이 정말 내 것일까', '나도 모르는 사이에 타인이 내 생각을 읽고 내 머릿속에 어떤 생각을 심어놓은 것이 아닐까' 의심해봐야 하겠지.

만주   영화 「토탈 리콜」이나 「인셉션」에서 타인의 기억이나 생각을

인셉션 포스터(네이버 영화)

토탈 리콜 포스터(네이버 영화)

조작하는 걸 봤어요. 이런 기술들이 현 체제나 정권을 비판하는 사람들을 감시하고, 길들이는 수단으로 악용될 소지가 있을 것 같은데…. 한데 삼촌! 슈퍼컴퓨터가 '노란 잠수함'처럼 딴마음을 품는 게 가능해요? '노란 잠수함'이 아니었으면 로봇들이 '로봇 3원칙 프로그램'을 삭제하고 도망칠 엄두를 못 냈을 것 같아요.

삼촌 독립된 자아를 갖는 '강한 인공지능'이 출현한다면 충분히 있을 수 있는 일이야. 일찍이 물리학자 스티브 호킹은 "사람보다 완전한 인공지능의 개발은 인류의 멸망을 불러올 수 있다"고 경고했어. 2016년 마이크로소프트의 창업자 빌 게이츠는 "AI가 극도로 발달하면 인류에 위협이 된다"고 했고, 애플의 공동 창업자 스티브 워즈니악도 "인간이 신이 될지, AI의 애완동물이 될지 모르겠다"고 말했지. 전문가들은 현재 체스, 퀴즈, 빅데이터 분석 등 특정 분야가 아닌 '전반적인 지능'에 있어 인공지능은 아직 어린아이 수준이라고 말하고 있지만….

만주 각국 정부와 내로라하는 기업들이 더 똑똑한 인공지능을 개발하기 위해 각축전을 벌이는데, 인공지능 개발의 가이드라인이 필요한 것 아니에요?

삼촌 나이스 캐치! 울리히 벡은 현대사회를 '위험사회'라 진단했어. 그는 산업화가 진행될수록, 기술문명이 발전할수록 물질적인 풍요가 늘어난 반면 삶은 불안하고 위태로워진다고 했지.

미리 현대사회가 위험사회가 된 배경이나 이유가 뭐예요?

삼촌 벡은 단순 근대사회에서 위험사회로 전환하게 된 배경을 세

가지 들고 있어. 첫째, 부의 생산을 위한 합리성의 추구가 오히려 부의 원천을 오염시키는 현실. 예를 들면 곡물의 수확량을 늘리기 위해 개발한 농약과 비료가 농지의 황폐화를 초래하는 결과를 낳는다. 둘째, 위험의 계산 불가능성. 원전 폭발, 기후변화 등의 위험은 과학자들마다 그 예측하는 규모가 다르고, 사고가 터지고 난 뒤에야 비로소 측정할 수 있다. 셋째, 위험의 원인이나 책임을 한 가지로 규정지을 수 없다. 사회가 분업화·전문화되는 과정에서 복잡다단한 원인이 위험에 관여해서 위험의 원인과 책임을 뭐라 규정할 수 없다.

미리 아하, 그래서 후쿠시마 원전 폭발이나 세월호 참사를 겪으면서 우리의 삶이 위태롭다는 느낌이 강하게 들었던 거군요. 그럼, 위험사회에서 살아남으려면 어떤 대책을 강구해야 하나요?

위험사회에서 시민이 된다는 것

삼촌 벡은 새로운 방식의 근대화인 '성찰적 근대화'의 필요성을 제기했어. 다시 말해 우리가 사는 사회의 문제를 정확히 인식하고, 그에 맞는 해법을 전문가와 시민이 함께 찾아보자는 것이지. 이를 위해 그는 과학 기술과 관련된 문제를 과학 기술자에게만 맡기지 말고, 일반 시민들도 중요한 의사 결정에 참여해야 한다고 주장했어. 실제 여러 나라에서 시민들이 과학 기술 문제에 관한 의사 결정에 참여하는 채널이 마련되기도 했어.

만주 근데 삼촌, 일반 시민이 과학 기술 정책을 결정하는 데 어떤 식으로 참여할 수 있어요?

삼촌 대표적으로는 '합의회의'를 들 수 있어. 합의회의란 기존의 전문가 중심의 의사 결정 구조에서 벗어나 다양한 입장을 가진 전문가, 일반 시민들이 참여해 토론하고 숙의하는 시민 참여 제도를 말하지. 덴마크 의회는 1987년에 원자력 에너지를 영원히 포기할 것을 결정했는데, 그 결정을 내리는 데 합의회의가 큰 역할을 했대. 흥미로운 것은 원자력 문제를 다룰 때 시민들은 단순히 전문가들의 의견을 청취하는 수준을 넘어서 '풍요로운 삶이란 과연 무엇인가'라는 좀 더 철학적인 주제를 놓고 열띤 토론을 벌였다는 사실이야. 그들은 정말 풍요로운 삶이란 결코 에너지를 풍부하게 쓰는 삶이 아니라는 결론에 도달했고, 의회는 그러한 시민들의 결론을 받아들였던 거지.

미리 덴마크에서 합의회의를 통해 원전 포기 결정을 하다니, 정말 멋진데요. 그런데 우리나라에서도 합의회의가 열린 적이 있나요?

삼촌 우리나라에서도 GMO(유전자조작식품), 생명복제기술, 원자력 위주의 전력정책을 놓고 '합의회의'가 몇 차례 열린 적이 있어. 한데 정부는 물론 언론들도 이 자발적인 '합의회의'를 외면하거나 축소 보도하는 경향이 있지.

만주 아직 시민의 힘이 미약해서 그런 거겠죠? 저는 이 소설을 보면서 백곰 할아버지와 같은 과학자의 역할이 매우 중요하다고 생각했어요. 백곰 할아버지는 아래도시 사람들의 권리 회복을 위해 싸우고, 자유를 찾아 도망치는 로봇도 잘 도와주었잖아요. 과학 기술의 위험성을 양심적으로 밝히는 과학자가 없으면 평범한 시민들의 힘만으로는 현대사회의 위험에 대처하기 어려울 것 같아요.

『침묵의 봄』초판본 표지

삼촌   음, 그렇고말고~. 아인슈타인이나 라이너스 폴링 같은 과학자가 핵무기의 위험성을 널리 알리는 데 크게 기여했지. 그리고 레이첼 카슨은『침묵의 봄』을 통해 살충제의 문제점을 널리 알렸어. 우리나라에도 이런 양심적인 과학자들이 묵묵히 활동하고 있고.

미리   아, 그런가요? 전 언론의 중요성을 새삼 절감했어요. '루피 통신'[31]이 아니었으면 로봇들이 자유를 찾아 탈출할 결심을 하지 못했을 것 같아요. 게다가 다른 로봇들에게 노란 잠수함의 정체를 끝내 밝히지도 못했을 테고요.

삼촌   그래, 미리가 루피처럼 훌륭한 언론인이 되었으면 좋겠다.

인간과 로봇이 평화롭게 공존할 수 있을까?

미리   소설에서는 (인간지능) 로봇의 반란이 일어났잖아요. 인간과 로봇이 평화롭게 공존할 수는 없을까요? 책에 보면 체가 "여

---

31 공룡로봇 루피가 '루피 통신'이라는 이름으로 로봇들의 해방을 위한 소식을 전함.

러분을 속인 것은 분명 나의 잘못입니다. 그러나 여러분! 로봇이냐 인간이냐, 그것이 그토록 중요한 것일까요?"라고 하면서 "침팬지와 인간이 닮은 것보다, 인공지능 로봇과 단순한 기계가 닮은 것보다, 인간과 로봇은 더 많이 닮았습니다. 쌍둥이처럼 닮았지요. 그런데 서로를 미워하고 서로를 없애는 것이 과연 옳은 일일까요?" 하고 강변하잖아요? 저는 체가 한 말이 오랫동안 기억에 남았어요. 나로나 아라의 심정에 공감이 많이 되어서 그런지는 모르겠지만.

만주 나는 인간과 로봇이 평화롭게 공존하기는 쉽지 않다고 생각해. 로봇 때문에 하루아침에 일자리를 잃은 사람들이 로봇에 대해 좋은 감정을 갖기는 어렵지 않을까? 이 책에서도 아래도시에 사는 감마인들이 나로를 잡지 못해 안달을 하잖아.

삼촌 다가오는 로봇시대, 인간으로선 만만치 않은 도전이야. 이제 자의든 타의든 로봇이 점점 우리 삶 속으로 파고들 텐데, 인간과 로봇이 평화롭게 공존할 방안에 대해 우리 모두 함께 고민해야 할 것 같아. 앞에서 나눴던 얘기를 바탕으로 각자 깊이 생각해보자. 『인공지능은 뇌를 닮아가는가』(유신), 『생각하는 뇌, 생각하는 기계』(샌드라 블레이크슬리·제프 호킨스), 『로봇시대, 인간의 일』(구본권) 등을 더 읽어보면 좋을 거야.

하고 싶은 일이 더 뚜렷해졌다

만주 삼촌, 만주랑 얘기를 나눈 후 만주 삼촌이 추천해주신 책을 사서 읽어보았다. 그리고 유튜브에서 인공지능이나 로봇공학에 관한 강의도 열심히 챙겨 들었다. 그러고 나니까, 뒤엉킨 실타래처럼 꼬이고 혼란스러웠던 생각들이 조금씩 정리되기 시작했다.

지금의 인공지능은 사실 지능만 있고 의식은 없는 상태다. 그리고 그 지능도 아직은 특정 분야의 문제 해결에 초점이 맞춰져 있을 뿐, 인간처럼 삶의 다양한 영역에서 발생한 문제들을 분석, 추론, 판단, 결정하는 수준에는 이르지 못했다. 이렇듯 결함이 많은데도 인공지능 프로그램과 그것을 활용한 로봇은 놀라운 정보 처리 속도와 양, 휴식이나 임금이 필요하지 않다는 특성 때문에 많은 직업에서 인간을 대체할 가능성이 높아졌다. 이와 함께 경제적 불평등의 심화를 경고하는 목소리도 높아지고 있다. 한편 인공지능의 이점을 강조하는 이들은, 실직과 그에 따른 경제적 불평등의 문제는 '기본소득제'나 노동시간의 축소, 교육 개혁 등을 통해 해결할 수 있다고 말한다.

한데 나는 인공지능과 로봇공학의 눈부신 발달에 따른 그림자가 단순히 소득의 감소나 경제적 불평등의 심화에 있다고만 생각하지 않는다. 그것도 심각하게 고민해야 할 문제인 것은 분명하지만, 보다 더 근본적인 문제들이 도사리고 있는 것 같다.

우선, 인공지능이 인간의 지능을 완전히 닮도록 하는 게 바람직한가? 만약 인간의 지능을 뛰어넘는 인공지능이 인간처럼 희로애락의 감정과 욕망을 갖게 된다면 인공지능은 인간의 통제를 넘어설 것이다. 노란 잠수함처럼 인간에게 반란을 일으킬 수도 있고, 혹은 인간을 애완동물처럼 안전하게 보호할 수도 있을 것이다. 또한, 강한 인공지능이 등장하지 않는다 할지라도 인공지능이 더 발전하고 상용화되는 시대에 사람은 과연 무엇으로 살까? 예술은 인간만이 할 수 있는 고유의 영역으로 여겨졌는데, 최근 화가처럼 그림을 그리는 로봇, 작사와 작곡을 하는 컴퓨터 프로그램이 각각 등장해 충격을 안겨주었다. 게다가 상품 판매나 노인, 환자 돌봄 등과 같은 사회적 서비스를 로봇이 대체할 가능성도 높아지고 있다. 따라서 어떤 종류의 인공지능과 로봇을 만들고, 사용하고, 판매하도록 허용할지를 시장에 일임해서는 안 될 것 같다. 기후변화를 막기 위한 국제협약을 체결했듯이 지구촌 차원에서 가이드라인을 설정해야 하지 않을까?

로봇기자가 등장하면 내 꿈이 물거품이 되는 게 아닌가 싶어 한동안 몹시 흔들렸다. 한데 인공지능과 로봇에 대해 공부를 하고 나니, 내가 앞으로 무엇을 해야 할지가 오히려 분명해졌다. 인공지능과 로봇공학을 둘러싼 여러 쟁점에 대해 깊이 있게 보도하고, 사람과 인공지능(로봇)이 각각 무슨 일을 하고 어떻게 협력해야 할지 공론화하는 데 일조하고 싶다. 인류의 미래를 결정하는 키를 소수의 엘리트와 인공지능(로봇)에 넘기지 않도록!

철학쌤의 가방

라이너스 폴링 *Linus Carl Pauling, 1901~1994*

노벨 화학상과 노벨 평화상을 수상한 미국의 화학자이다. DNA의 구조를 밝혀내 노벨상을 받은 제임스 왓슨이 자신이 쓴 『이중 나선(Double Helix)』에서 라이너스 폴링을 "당시 생화학 분야의 권위자였으며, 가장 높은 수준의 연구를 진행하고 있었다"고 평가할 정도로 분자생물학 분야에도 큰 영향을 끼쳤다. 1962년에는 지표 핵실험을 반대한 공로로 노벨 평화상을 받았다.

레이첼 루이즈 카슨 *Rachel Louise Carson, 1907~1964*

미국의 해양생물학자이자 작가이다. 잘 알려진 작품으로 『침묵의 봄』이 있으며, 그의 글은 환경운동이 진보하는 데 큰 몫을 했다. 20세기에 가장 큰 영향력을 미친 책으로 일컬어지는 『침묵의 봄』은 무분별한 살충제 사용으로 파괴되는 야생 생물계의 모습을 적나라하게 공개하였다. 언론의 비난과 이 책의 출판을 막으려는 화학업계의 거센 방해에도 불구하고, 레이첼 카슨은 환경문제에 대한 새로운 대중적 인식을 이끌어내며 정부의 정책 변화와 현대적인 환경운동을 가속화시켰다.

루이스 세풀베다 *Luis Sepúlveda, 1949~*

칠레의 소설가이다. 학생 운동에 참여했던 그는 당시 많은 칠레 지식인들이 그러했듯이 오로지 목숨을 건지기 위해서 피노체트의 나라에서 도망쳐야 했다. 수년 동안 라틴 아메리카를 여행하며 여러 가지 일을 했고, 1980년 독일로 이주했다. 1989년 살해당한 환경 운동가 치코 멘데스에게 바치는 소설 『연애소설 읽는 노인』을 발표했다. 이 소설은 여러 문학상을 휩쓸며 세풀베다를 일약 전 세계적인 베스트셀러 작가의 반열에 올려놓았다.

루카 파촐리 *Fra Luca Bartolomeo de Pacioli, c. 1447~1517*
이탈리아의 수학자로 저서에 『산술, 기하, 비율 및 비례 총람』이 있다.

르네 데카르트 *René Descartes, 1596~1650*
프랑스의 수학자·철학자이다. 근대 철학의 아버지라 불리며, 해석 기하학의 창시자이다. 그는 모든 것을 회의한 다음, 이처럼 회의하고 있는 자기 존재는 명석하고 분명한 진리라고 보고, "나는 생각한다. 고로 나는 존재한다"라는 명제를 자신의 철학적 기초로 삼았다. 저서에 『방법 서설』, 『성찰(省察)』, 『철학 원리』 등이 있다.

□

막시밀리앙 드 로베스피에르 *Maximilien de Robespierre, 1758~1794*
프랑스 혁명기의 정치가. 자코뱅파의 지도자로 왕정을 폐지하고, 1793년 6월 독재체제를 수립하여 공포정치를 행하였으나, 1794년 테르미도르의 쿠데타로 타도되어 처형되었다.

미셸 푸코 *Michel Paul Foucault, 1926~1984*
프랑스의 철학자이다. 구조주의의 대표적인 사상가로, 과학이나 철학과는 다른 '무의식적 문화'의 체계에서 인간 사고의 기저(基底)를 구하였다. 저서에 『앎의 고고학』, 『감옥의 탄생』 등이 있다.

베네데토 크로체 *Benedetto Croce, 1866~1952*

현대 이탈리아의 철학자이다. 나폴리 대학의 교수로서도 활약하였으나, 철학·역사의 평론을 주로 하는 잡지 《비판》을 창간·편집하여 이탈리아의 정신생활에 커다란 영향을 끼쳤다(1903~37). 크로체의 사상은 헤겔 철학의 비판적 연구로부터 출발하였으나 이탈리아의 고전적 철학자 비코의 역사철학에서도 영향을 많이 받았으며, 현대에 비코 철학을 소개한 사람으로서의 공적도 크다. 헤겔주의의 전통을 살리면서도 현대의 생의 철학의 입장을 받아들여 이탈리아에서 지배적이었던 실증주의를 극복하려고 하였다. 주저로 『역사 서술의 이론과 역사』, 『정신의 철학』 등이 있다.

빌 게이츠 *Bill Gates, 1955~*

미국의 기업인이다. 어렸을 때부터 컴퓨터 프로그램을 만드는 것을 좋아했던 그는 하버드 대학을 다니다가 자퇴하고 폴 앨런과 함께 마이크로소프트를 공동 창립했다. 당시 프로그래밍 언어인 베이직 해석프로그램과 앨테어용 프로그래밍 언어인 앨테어베이직을 개발했다.

스티브 워즈니악 *Stephen Gary Wozniak, 1950~*

자선가가 된 컴퓨터 엔지니어로 폴란드계 미국인이다. 가정과 사무실에서 컴퓨터를 널리 사용하는 데 기여했다. 친구인 스티브 잡스와 애플 컴퓨터의 공동 창립자가 된다. 그가 만든 애플 I(애플 원)은 초기 개인용 컴퓨터 중 하나이며, 디스플레이와 키보드가 달린 현재의 형태를 갖춘 최초의 컴퓨터이다. 또 애플 II(애플 투)는 혼자서 설계한 마지막 개인용 컴퓨터가 되었다. 워즈니악은 종종 그의 별명인 '워즈'나 '마법사 워즈'로 불린다. '워즈'는 그가 세운 회사의 이름이기도 하다.

스티븐 호킹 *Stephen William Hawking, 1942~*

2009년까지 케임브리지 대학교 루커스 수학 석좌 교수로 재직한 영국의 이론물리학자이다. 그는(특히, 블랙홀이 있는 상황에서의) 우주론과 양자 중력의 연구에 크게 기여했으며, 자신의 이론 및 일반적인 우주론을 다룬 여러 대중 과학 서적을 저술했다. 그중에서도 『시간의 역사』는 영국 런던 선데이 타임즈 베스트셀러 목록에 최고 기록인 237주 동안이나 실려서 화제가 된 적도 있다. 21살 때부터 근위축성 측색 경화증(루게릭병)을 앓는 바람에 현재 휠체어에 의지하면서 살고 있다. 중요한 과학적 업적으로는 로저 펜로즈와 함께 일반상대론적 특이점에 대한 여러 정리를 증명한 것과 함께, 블랙홀이 열복사를 방출한다는 사실을 밝혀낸 것이다(이는 호킹 복사 혹은 베켄슈타인-호킹 복사로 불린다).

○

아리스토텔레스 *Aristoteles, B.C.384~B.C.322*

고대 그리스의 철학자로, 플라톤의 제자이며, 알렉산더 대왕의 스승이다. 물리학, 형이상학, 시학, 생물학, 동물학, 논리학, 수사학, 정치, 윤리학 등 다양한 주제로 책을 저술하였다. 소크라테스, 플라톤과 함께 고대 그리스의 가장 영향력 있는 학자였으며, 그리스 철학이 현재의 서양 철학의 근본을 이루는 데에 이바지하였다. 아리스토텔레스의 글은 도덕과 미학, 논리와 과학, 정치와 형이상학을 포함하는 서양 철학의 포괄적인 체계를 처음으로 창조하였다.

아우렐리우스 아우구스티누스 _Aurelius Augustinus, 354~430_

로마의 주교이자 성인. 기독교회의 고대 교부(敎父) 가운데 최고의 사상가이며, 교부 철학의 대성자(大成者)로, 고대 신플라톤주의 철학과 기독교를 결합하여 중세 사상계에 영향을 주었다. 저서에 『참회록』, 『삼위일체론』 등이 있다.

안토니오 스카르메타 _Antonio Skármeta, 1940~_

칠레의 안토파가스타에서 태어났다. 칠레 대학교와 뉴욕 컬럼비아 대학교에서 철학과 문학을 공부했고, 칠레로 돌아와 칠레 대학교에서 문학부 교수로 재직하던 중 첫 번째 단편집 『열정』을 발표했다. 1985년에 발표한 『네루다의 우편배달부』는 스카르메타의 작품 중 가장 유명한 것으로 20여 개국 언어로 번역되었다. 이탈리아 영화인 「일 포스티노」는 이 작품을 원작으로 만든 것이다.

알베르트 아인슈타인 _Albert Einstein, 1879~1955_

독일 태생의 미국 이론물리학자이다. 그의 일반 상대성이론은 현대 물리학에 혁명적인 지대한 영향을 끼쳤다. 또한 1921년 광전효과에 관한 기여로 노벨 물리학상을 수상하였다.

애덤 스미스 *Adam Smith, 1723~1790*

스코틀랜드 출신의 영국의 정치·경제학자이자 윤리철학자이다. 후대의 여러 분야에 큰 영향을 미친 『국부론』의 저자이다. 고전경제학의 대표적인 이론가인 스미스는 일반적으로 경제학의 아버지로 여겨지며 자본주의와 자유무역에 대한 이론적 심화를 제공했다.

앨프리드 테니슨 *Alfred Tennyson, 1809~1892*

영국의 시인이다. 애국적인 내용과 세련된 운율미를 갖춘 시를 썼다. 작품에 「아서 왕의 죽음」, 「인 메모리엄(In Memoriam)」, 「국왕 가집」 등이 있다.

에드먼드 버크 *Edmund Burke, 1729~1797*

영국의 정치가이자 사상가로 휘그당의 영수로 활약했다. 프랑스 혁명이 일어나자 보수주의의 옹호자로 부상했으며 저서로 『프랑스 혁명론』이 있다.

엘라가발루스 *Marcus Aurelius Antonius Elagabalus, 204~222*

고대 로마의 황제이다. 로마에 예로부터 전하여 오는 종교와 전통을 무시하고 태양신의 숭배를 강요하다가 암살되었다. 재위 기간은 218~222년이다.

요한 볼프강 폰 괴테 *Johann Wolfgang von Goethe, 1749~1832*

독일의 시인·소설가·극작가이다. 독일 고전주의의 대표자로, 자기 체험을 바탕으로 한 고백과 참회의 작품을 썼다. 작품에 희곡 「파우스트」, 소설 「젊은 베르테르의 슬픔」, 자서전 『시와 진실』 등이 있다.

울리히 벡 *Ulrich Beck, 1944~2015*

독일의 사회학자이다. 1986년 『위험사회』란 저서를 통해 서구를 중심으로 추구해온 산업화와 근대화 과정이 실제로는 가공스러운 '위험사회'를 낳는다고 주장하고, 현대사회의 위기화 경향을 비판하는 학설을 내놓아 학계의 주목을 받았다. 90년대에 들어와서도 『성찰적 근대화』(1995), 『정치의 재발견』(1996), 『적이 사라진 민주주의』(1998) 등의 저작을 통해서 벡이 일관되게 추구해온 작업은 근대성의 한계를 극복하고 새로운 근대 혹은 그가 말하는 '제2의 근대'로 나아가는 돌파구를 모색하는 것이었다. 그는 또한 최근 국가와 정치가 경제적 합리성을 주장하는 시장의 논리에 의해 무력화되고 있다면서 지구촌의 신자유주의 경향을 질타해왔다.

월트 휘트먼 *Walt Whitman, 1819~1892*

미국의 시인. 빈농(貧農) 출신으로 전통적인 시형(詩形)에 따르지 않고 자유로운 수법으로 사랑과 연대(連帶), 인격주의의 사상을 노래하였다. 작품으로 시집 『풀잎』, 산문 「민주주의의 전망」 등이 있다.

윌리엄 서머싯 몸 *William Somerset Maugham, 1874~1965*

영국의 작가이다. 파리의 외교 공관에서 태어났다. 킹스 칼리지 런던에서 의학을 공부하였으나, 뒤에 문학으로 전향하였다. 장편소설 『달과 6펜스』는 『인간의 굴레』와 함께 대표작으로 간주된다. 소설가로 유명하지만 극작가로서도 뛰어난 재능을 보여 이국정서(異國情緒)의 색채가 짙은 희곡들을 남겼다. 특히 기지와 해학이 넘치는 대중적인 풍자 희극의 전통을 세웠다.

이마누엘 칸트 *Immanuel Kant, 1724~1804*

독일의 철학자이다. 경험주의와 합리주의를 통합하는 입장에서 인식의 성립 조건과 한계를 확정하고, 전통적 형이상학을 비판하여 비판 철학을 확립하였다. 저서에 『순수 이성 비판』, 『실천 이성 비판』, 『판단력 비판』, 『영구 평화론』 따위가 있다.

ㅈ

재러드 다이아몬드 *Jared Mason Diamond, 1937~*

미국의 과학자이자 논픽션 작가이다. 현재 캘리포니아 대학교 로스앤젤레스(UCLA)의 의과대학 생리학/지리학 교수로 재직 중이다. 생리학으로 과학 인생을 시작한 그는 조류학, 진화생물학, 생물지리학으로 자신의 영역을 점점 확장해갔으며 과학의 대중화에 기여한 공로로 수여되는 영국의 '과학출판상'과 미국의 'LA타임스출판상'을 수상했다. 저서 『총, 균, 쇠』로 1998년 퓰리처상을 받았다.

제러미 벤담 *Jeremy Bentham, 1748~1832*

영국의 철학자이자 법학자이다. 인생의 목적은 최대 다수의 최대 행복의 실현에 있다고 하는 공리주의를 주장하였다. 저서에 『도덕과 입법의 원리 입문』 등이 있다.

제임스 러브록 *James Lovelock, 1919~*

영국의 과학자이다. 가이아 이론의 창시자이며, 맨체스터 대학교를 졸업했다.

제임스 캐머런 *James Francis Cameron, 1954~*

캐나다 계 미국인 감독, 각본가, 제작자, 편집자 및 투자자이다. 대표적인 작품으로는 「터미네이터」(1984), 「에이리언2」(1986), 「어비스」(심연; 1989), 「터미네이터2:심판의 날」(1991), 「트루 라이즈」(1994), 「타이타닉」(1997), 그리고 최신작 「아바타」(2009) 등이 있다. 2009년 12월, 할리우드 명예의 거리에 올랐다.

조제프루이 라그랑주 *Joseph-Louis Lagrange, 1736~1813*

토리노, 피에몬테에서 태어난 이탈리아 태생. 프랑스와 프로이센에서 활동한 프랑스 수학자이자 천문학자로 해석학, 정수론, 고전역학과 천체역학 전반에 걸쳐 중대한 기여를 했다. 특히 물리학 분야에서 기존의 고전역학을 일반화된 새로운 수학적 방식으로 표현한 해석역학은 이론 물리학의 새로운 지평을 열었다. 그는 오일러와 달랑베르의 추천으로 1766년 베를린에 있는 프로이센 과학 학사원의 수학부장이 되어 20년 이상 머무르면서 많은 작업을 했으며 프랑스 과학 아카데미로부터 여러 상을 받았다. 라그랑주의 논문 「해석역학(M·canique Analytique, 4. ed., 2 vols. Paris: Gauthier-Villars et fils, 1888~89)」은 베를린에서 쓰여 1788년 출판되었으며 뉴턴 이래로 고전역학을 가장 포괄적으로 다루었고 19세기 수리물리학의 발전의 기반을 마련했다.

조지 산타야나 *George Santayana, 1863~1952*

에스파냐 태생의 미국 철학자·시인·평론가이다. 자연주의적 입장을 발전시켜 비판적 실재론을 주장하였으며, 미학 연구에 있어서도 중요한 공헌을

250

하였다. 저서에 『미의식』, 『존재의 영역』 등이 있다.

조지 오웰 *George Orwell, 1903~1950*

영국의 작가이다. 스탈린주의를 비판하였으며, 현대 사회의 전체주의적 경향을 풍자하였다. 작품에 『동물 농장』, 『1984년』 등이 있다.

존 롤스 *John Rawls, 1921~2002*

하버드 대학교에서 정치철학 교수를 지냈고, 『정의론』(1971년)과 『공정으로서의 정의』(2001년)를 쓴 미국의 철학자이기도 하다. 20세기 영어권의 정치철학 분야에서 가장 중요한 위치를 차지하고 있는 학자이다.

존 스튜어트 밀 *John Stuart Mill, 1806~1873*

영국의 사회학, 철학자이자 정치경제학자로서, 논리학, 윤리학, 정치학, 사회평론 등에 걸쳐서 방대한 저술을 남겼다. 경험주의 인식론과 공리주의 윤리학, 그리고 자유주의적 정치경제사상을 바탕으로 현실 정치에도 적극적으로 참여해서 하원의원을 지내기도 했다. 그의 공리주의는 대부이자 스승이었던 벤담으로부터 물려받은 것이지만, 여기에 생시몽주의와 낭만주의를 가미해서 나름의 체계로 발전시켰다. 『논리학체계』, 『정치경제학원리』, 『자유론』 등 33권으로 이루어진 전집이 있고, 그 밖에 동인도회사에서 일하면서 집필한 수많은 보고서를 남겼다.

지그문트 프로이트 *Sigmund Freud, 1856~1939*

오스트리아의 심리학자·신경과 의사이다. 정신 분석학의 창시자로, 정신

분석의 방법을 발견하여 잠재의식을 바탕으로 한 심층 심리학을 수립하였다. 저서에 『꿈의 해석』, 『정신 분석학 입문』 등이 있다.

질 들뢰즈 *Gilles Deleuze, 1925~1995*

20세기 후반 프랑스의 철학자, 사회학자, 작가로서 철학, 문학, 영화, 예술 분야에서 영향력 있는 저작들을 썼다. 가타리와 함께 쓴 『자본주의와 분열증:안티-오이디푸스』, 『천 개의 고원』이 유명하다.

ㅊ

체 게바라 *Ernesto Rafael Guevara de la Serna, 1928~1967*

본명은 '에르네스토 라파엘 게바라 데 라 세르나'이며 '체 게바라(Che Guevara)'라는 애칭으로 더 잘 알려져 있다. 아르헨티나 출신의 공산주의 혁명가, 정치가, 의사, 저술가이자 쿠바의 게릴라 지도자이다.

ㅋ

클로드 레비스트로스 *Claude Lévi-Strauss, 1908~2009*

벨기에 태생의 프랑스 인류학자이다. 남아메리카에서의 현지 조사를 마친 후, 친족 이론·사고 체계·신화 분석에 있어서 구조주의를 제창하여 인류학·문학·사상 분야에 큰 영향을 주었다. 저서에 『친족의 기본 구조』, 『슬픈 열대』 등이 있다.

ㅌ

테세우스 *Theseus*

그리스 신화에 나오는 아티카의 영웅이다. 크레타 섬의 미궁(迷宮)에서 괴수 미노타우로스를 물리치고 아마존을 정복하여 아테네를 융성하게 하였다.

토마 피케티 *Thomas Piketty, 1971~*

부, 소득과 불평등에 대해서 연구하는 프랑스의 경제학자이다. 현재 사회과학고등연구원(EHESS)의 연구 지도자이며 파리경제학교(PSE)의 교수이다. 또한 하버드대학교 출판부의 101년 역사상 한 해 동안 가장 많은 수가 팔린 『21세기 자본론』(2014)의 저자이기도 하다. 이 책은 지난 250년간의 부의 집중과 분배에 관한 그의 연구와 저작들의 주제의식을 역설한 것으로서, 이 저서에서 그는 자본의 수익률이 경제 성장률보다 높아질 경우 불평등 또한 그에 비례해 늘어난다고 주장했다. 또한 현 불평등 문제를 해결하기 위해 국제적으로 동시에 부에 대해 매기는 세금(a global tax on wealth)을 신설할 것을 제의했다.

토머스 새뮤얼 쿤 *Thomas Samuel Kuhn, 1922~1996*

미국의 과학사학자이자 과학철학자이다. 『과학 혁명의 구조』로 유명하다. 철학, 심리학, 언어학, 사회학 등 여러 분야를 섭렵하여 과학철학에 큰 업적을 남겼다. 그에 따르면 과학의 발전은 점진적으로 이루어지는 것이 아니라 패러다임의 교체에 의해 혁명적으로 이루어지는데 그는 이 변화를 '과학 혁명'이라고 불렀다.

페이디아스 *Pheidias, ?~?*

고대 그리스의 조각가이다. 기원전 5세기 무렵에 아티카의 고전 조각을 완성시킨 사람으로, 작품에 「아테나 파르테노스」, 「레우스」 등이 있다.

프랜시스 베이컨 *Francis Bacon, 1561~1626*

영국의 철학자이자 정치가로 근대 경험론의 선구자이다. 스콜라 철학을 비판하고, 관찰과 실험에 기초를 둔 귀납법을 확립하였다. 근대 과학의 방법론에 커다란 영향을 주었으며 저서로 『노붐 오르가눔(Novum Organum)』, 『수상록』, 『이상향』 등이 있다.

플라톤 *Platon, B.C.428?~B.C.347?*

소크라테스의 제자로 아카데미를 개설하여 생애를 교육에 바쳤다. 대화편(對話篇)을 다수 쓰고, 초월적인 이데아가 참실재(實在)라고 하는 사고방식을 전개하였다. 철학자가 통치하는 이상 국가의 사상으로 유명하다. 저서에 『소크라테스의 변명』, 『향연』, 『국가』 등이 있다.

피에로 만초니 *Piero Manzoni, 1933~1963*

이탈리아의 전위 예술가로 사물을 이용한 도발적인 작품들을 발표한 것으로 유명하다.

ㅎ

헨리 데이비드 소로 *Henry David Thoreau, 1817~1862*
미국의 사상가이자 수필가로 순수한 자연생활을 예찬하였으며, 시민의 자
유를 열렬히 옹호하였다. 작품에 「숲속의 생활」, 「시민의 반항」 등이 있다.

호라티우스 *Quintus Horatius Flaccus, B.C. 65~B.C. 8*
고대 로마의 시인이다. 풍자시·서정시로 명성을 얻어, 아우구스투스의 총
애를 받았으며, 그의 『시론(詩論)』은 아리스토텔레스의 『시학』과 함께 후세
에 큰 영향을 주었다.

 흠, 다음에는
동양사상가들을 만나러 가야지!